С.А. ХАВРОНИНА
Н.Ю. КРЫЛОВА

ЧИТАЕМ
И ГОВОРИМ
ПО-РУССКИ

2-е издание, стереотипное

РУССКИЙ ЯЗЫК
КУРСЫ

Москва
2008

УДК 808.2(075.8)-054.6
ББК 81.2Рус-923
Х 12

Х 12   **Хавронина, С.А.**
Читаем и говорим по-русски. Учебное пособие / С.А. Хавронина, Н.Ю. Крылова. — 2-е изд., стереотип. — М.: Рус. яз. Курсы, 2008. — 128 с.

ISBN 978-5-88337-130-0

Книга является практическим пособием для иностранцев, изучавших русский язык на родине или на подготовительных факультетах российских вузов. Оно рассчитано на тех, кто владеет русским языком в объёме базового уровня и первичными речевыми умениями, сформированными на текстах обиходно-бытовой тематики.

В пособии предлагается учебный материал для развития и совершенствования речевых умений в чтении и говорении на базе текстов социокультурного характера. Учебный материал представлен текстами, заданиями и лексико-грамматическими упражнениями. Работа над текстами и послетекстовые задания имеют речевую направленность. Лексико-грамматические упражнения обеспечивают корректировку и систематизацию ранее усвоенных языковых единиц, а также формирование новых лексико-грамматических навыков.

Может использоваться в работе со студентами, аспирантами, стажёрами и слушателями различных курсов русского языка и обеспечивать их подготовку в объёме требований Первого сертификационного уровня.

ISBN 978-5-88337-130-0

СОДЕРЖАНИЕ

ПРЕДИСЛОВИЕ

Книга является практическим пособием для иностранцев, изучавших русский язык на родине или на подготовительных факультетах российских вузов. Оно рассчитано на тех, кто владеет русским языком в объёме базового уровня и первичными речевыми умениями, сформированными на текстах обиходно-бытовой и учебной тематики.

В пособии предлагается учебный материал для развития и совершенствования речевых умений в чтении и говорении на базе текстов социокультурного характера. Учебный материал представлен текстами, заданиями и лексико-грамматическими упражнениями. Работа над текстами и послетекстовые задания имеют речевую направленность. Лексико-грамматические упражнения обеспечивают корректировку и систематизацию ранее усвоенных языковых единиц, а также формирование новых лексико-грамматических навыков.

Книга состоит из пяти уроков. Каждый урок включает разделы:

    I. Работа с текстом
    II. Лексико-грамматические упражнения по теме
    III. Диалоги
    IV. О чём пишут газеты
    V. Повторяем лексику и грамматику
    VI. Работа с глаголами
    VII. Дополнительный текст
    VIII. Давайте поговорим

Пособие может быть использовано в работе со студентами, аспирантами, стажёрами и слушателями различных курсов русского языка. Оно обеспечивает подготовку в объёме требований Первого сертификационного уровня.

Урок 1

Речевая тема:
СЕМЬЯ, РОДИТЕЛИ, ДЕТИ

ЛЕКСИКО-ГРАММАТИЧЕСКИЙ МАТЕРИАЛ:

- ○ Собирательные числительные
- ○ Обозначение времени
- ○ Глаголы с приставкой *при-*
- ○ Глаголы группы *учить, учиться, изучать, заниматься*
- ○ Глагол *учить* с приставками
- ○ Тексты: *«Семья», «Мать Владимирская», «Семья Чеховых»*

I. РАБОТА С ТЕКСТОМ

1. Прочитайте слова. Объяснения помогут вам понять их значения.

прозаик — писатель, который пишет романы и рассказы

драматург — писатель, который пишет для театра

духовная академия — университет, в котором учатся религиозные деятели

приданое — вещи или деньги, которые девушка получает от своих родителей перед свадьбой

первенец — первый ребёнок в семье

2. Объясните значение словосочетаний.

проявлять / проявить интерес *к чему?*
уделять / уделить внимание *кому? чему?*
отличаться трудолюбием
жизнь сложилась

3. а) Познакомьтесь со словами, которые называют черты характера: доброжелательность, требовательность, трудолюбие, честность, эрудиция.

б) Дайте определение следующим понятиям.

О б р а з е ц: *Требовательный человек — это человек, который требовательно относится к себе и к другим.*

Доброжелательный человек — ...
Честный человек — ...
Эрудированный (широко образованный) человек — ...

4. Объясните разницу значений слов.

домохозяйка — домработница
воспитание — образование
сад — огород

5. Прочитайте текст и ответьте на вопросы.

СЕМЬЯ

Михаил Афанасьевич Булгаков (1891–1940) — известный русский писатель, прозаик и драматург. В его произведениях читатель видит родной город писателя Киев, милый его сердцу дом, близких ему людей... Дом и семья всегда имели для него большое значение. Они определили очень многое в его характере и судьбе.

Михаил Афанасьевич Булгаков родился в Киеве 3 мая 1891 года. Его отца звали Афанасий Иванович, мать — Варвара Михайловна. Афанасий Иванович был историком, он преподавал историю западных религий в Киевской духовной академии. Варвара Михайловна до замужества была учительницей гимназии. Они поженились в 1890 году, а через год у них родился первенец, которого назвали Михаилом.

Михаил не помнил себя единственным ребёнком. Он всегда был старшим братом. Когда ему было три года, в семье уже было трое детей — Миша и две его сестры — Вера и Надя. В 1895 году родилась третья сестра — Варя. В 1900 году, когда Миша поступил в первый класс гимназии, у него было и два брата — Николай и Иван. Последний ребёнок в семье Булгаковых — дочь Елена родилась в 1902 году.

Михаил рос в большой дружной семье, где отец и мать с любовью и уважением относились к детям, а дети также любили и уважали родителей. Афанасий Иванович и Варвара Михайловна много времени и внимания уделяли воспитанию и образованию детей.

Афанасий Иванович отличался широтой интересов, огромной эрудицией. Он знал древние языки: греческий и латинский, несколько современных языков — немецкий, французский, английский, польский, чешский, прекрасно знал историю, любил и знал литературу. В доме была большая библиотека. Уже взрослым Михаил вспоминал «лучшие в мире шкафы с книгами». В уютном отцовском кабинете ещё девятилетним мальчиком он впервые прочитал «Мёртвые души» Гоголя и навсегда полюбил их автора. Здесь он прочитал стихи и поэмы Пушкина, романы Тургенева и Толстого. Отец любил детей и уделял им много внимания, вечерами беседовал с ними, читал им, много рассказывал.

Афанасий Иванович был главой семьи, хозяйкой дома была Варвара Михайловна. Она была умным и интересным человеком, доброй, но требовательной матерью. Сестра Надежда вспоминала: «У нашей матери была идея, что дети должны быть заняты, поэтому мы многое в доме делали сами — убирали квартиру, накрывали на стол, гуляли с младшими детьми, а когда они пошли учиться — провожали их в гимназию и встречали из гимназии. Мы умели делать любую домашнюю работу и не боялись физического труда».

В семье Булгаковых царила радостная доброжелательность. Многие вспоминали их семейные праздники — дни рождения детей и взрослых. К праздникам придумывали шутки, стихи и рассказы, готовили спектакли, сами писали пьесы, сами шили костюмы. Уже в детстве Михаил, его братья и сёстры проявляли интерес к театру, музыке, литературе, истории, и родители поддерживали этот интерес.

* * *

«Когда родители поженились, — вспоминает одна из сестёр, — они долго думали, как поступить с маминым приданым, купить ли дом в Киеве или дачу где-нибудь недалеко от города. Наконец купили участок земли в тридцати километрах от Киева, и на нём начали строить дом. Дом построили одноэтажный, большой. Вокруг дома посадили фруктовый сад, для которого Афанасий Иванович сам выбирал лучшие сорта яблонь и слив, а в огороде росли разные овощи. В саду и в огороде вместе со взрослыми работали и все дети. Недалеко от дома был пруд, куда после работы всей семьёй ходили купаться».

* * *

В 1906 году в семью пришло несчастье — заболел Афанасий Иванович. Его лечили киевские и московские врачи, но болезнь прогрессировала. Весной 1907 года Афанасий Иванович умер. Жена и дети тяжело переживали его смерть. На руках Варвары Михайловны осталось семеро детей. Старшему, Михаилу, было около шестнадцати лет, младшей, Лёле — пять лет. После смерти мужа Варвара Михайловна продолжала руководить воспитанием и образованием детей. Дети много читали, изучали иностранные языки, занимались музыкой.

Лето семья по-прежнему проводила в деревне. В большом доме жили и родственники — бабушка, тётка, двоюродные братья и сёстры, приезжали многочисленные друзья и знакомые. Несмотря на то что было многолюдно и шумно, в семье, как и раньше, царила дружба, внимание друг к другу. К сентябрю, к началу учебного года, Булгаковы возвращались в город.

Братья и сёстры Булгаковы подрастали, кончали гимназии, становились студентами. В доме, как и прежде, была особая обстановка — обстановка дома, где много детей разного возраста. По субботам собиралась молодёжь, приходили друзья, пели, играли, танцевали, устраивали музыкальные вечера, домашние спектакли...

Счастливые незабываемые годы детства и юности в родном доме! Казалось, что им не будет конца...

* * *

По-разному сложились судьбы братьев и сестёр Булгаковых. Но все они получили высшее образование, стали хорошими специалистами, а главное — по-настоящему интеллигентными, трудолюбивыми и честными людьми. На всю жизнь они сохранили любовь к родному дому, к семье, друг к другу.

(По книге М. Чудаковой)

1. Кто такой Михаил Булгаков?
2. Где и когда он родился?
3. Кто были его родители? Как их звали?
4. В какой семье рос Михаил? Сколько детей было в семье?
5. Где учились дети Булгаковых?
6. Где семья проводила лето?
7. Как дети помогали родителям?
8. Какими были семейные праздники?
9. Какими людьми выросли братья и сёстры Михаила Булгакова?

6. Расскажите:
   а) о воспитании в семье Булгаковых;
   б) об отношениях детей и родителей;
   в) об отце Михаила Булгакова — Афанасии Ивановиче.

7. Замените выделенные слова и словосочетания близкими по смыслу, взяв их из текста.

1. В 1891 году у Булгаковых родился **первый ребёнок**. 2. Ему **дали имя** Михаил. 3. В 1900 году Миша **пошёл в первый класс** гимназии. 4. В доме **было много книг**. 5. Афанасий Иванович **много времени занимался с детьми**. 6. **По вечерам** отец разговаривал с детьми, читал им. 7. Уже в детстве дети Булгаковых **интересовались** театром, музыкой, литературой, историей. 8. Родители долго решали, **что сделать** с приданым матери. 9. Летом семья, как и раньше, **жила в деревне**. 10. К началу занятий в гимназии семья **приезжала в город**. 11. **Почти каждую субботу** в доме собиралась молодёжь. 12. Счастливые годы в родном доме! Казалось, **они не кончатся никогда**.

II. ЛЕКСИКО-ГРАММАТИЧЕСКИЕ УПРАЖНЕНИЯ ПО ТЕМЕ

1. Прочитайте названия родственников. Заполните пропуски.

   1. отец — мать   5. муж   — жена
   2. сын —   6. дед   —
   3.   — сестра   7.   — внучка
   4. дядя —   8. племянник —

2. Прочитайте словосочетания, объясните их значения.

   родной брат — родная сестра
   двоюродный брат — двоюродная сестра
   приёмный сын — приёмная дочь — приёмные родители

3. Скажите, какие родственники есть у вас. Используйте прилагательные:

   старший, младший, родной, двоюродный.

   > **звать** *кого? как?* — какое имя носит человек
   > *Его зовут Иван. Его звали Иван.*
   > **называть / назвать** *кого? как?* —
   > 1) дать имя кому-либо
   > *Родители назвали его Иваном.*
   > 2) как обычно называют
   > *Дома все называют его Ваня.*

4. Скажите, как звали родителей и детей Булгаковых.

   Как вы понимаете выражение «Родители назвали меня **в честь дедушки**».

   Есть ли у вас традиция называть детей в честь родственников?

ЗАПОМНИТЕ! В русском языке используются полные и сокращённые имена. Сокращённые имена могут иметь ласкательное значение (Лидочка, Петенька) или давать грубоватую оценку, которая выражается суффиксом **-к-** (Стёпка, Танька).

5. Прочитайте некоторые имена. Как вы думаете, в каких случаях уместно их употребление.

Полное имя	Сокращённое имя
Иван	Ваня, Ванечка, Ванюша, Ванька
Михаил	Миша, Мишенька, Мишка
Николай	Коля, Коленька, Колька
Елена	Лена, Леночка, Алёна, Лёля, Ленка
Надежда	Надя, Надюша, Наденька, Надька

6. Прочитайте текст и ответьте на вопросы.

Пятилетняя Милочка слышала, как её родители здоровались с гостями. Мать и отец называли гостей по-разному:

О т е ц: Дядя Коля, привет!

М а т ь: Добрый вечер, Николай Сергеевич!

Милочка пришла на кухню к бабушке и сказала, что приехали дядя Коля, Николай Сергеевич, тётя Нина, Наденька, Елена Ивановна, Леночка, Ваня, Нина Антоновна, Иван Андреевич, Надежда, Людмила и Люся.

— Так много? — удивилась бабушка.

1. Сколько было гостей?
2. Почему родители Милы называли гостей по-разному?

У него **четыре** брата. = У него **четверо** братьев.
---

7. Прочитайте и сравните сочетания с количественными и собирательными числительными.

два сына — двое сыновей
три сына — трое сыновей
четыре друга — четверо друзей

пять друзей — пятеро друзей
шесть детей — шестеро детей
семь детей — семеро детей

ЗАПОМНИТЕ! Собирательные числительные употребляются:

а) с существительными, обозначающими лиц мужского пола: *двое друзей,* но *две подруги;*

б) с существительными, называющими парные предметы: *двое очков* (две пары очков), *трое брюк* (три пары брюк);

в) с существительным **сутки**: *трое суток, пятеро суток.*

8. Замените количественные числительные собирательными.

1. В нашей семье два студента — я и мой брат. 2. У нашей бабушки шесть внуков. 3. У моей матери два брата. 4. У наших соседей три ребёнка — два мальчика и девочка. 5. Среди моих родственников — четыре офицера. 6. У меня уже есть два племянника.

> У него две сестры. У него **было** две сестры.
> В семье четверо детей. В семье **было** четверо детей.

ЗАПОМНИТЕ! Если в предложении субъект выражен количественным или собирательным числительным, а также словами *много, мало, несколько, сколько*, то в прошедшем времени предикат выражен глаголом в форме среднего рода.

9. Скажите в прошедшем времени.

1. У Михаила четыре сестры. 2. У него два младших брата. 3. У них много друзей. 4. У них трое взрослых детей. 5. У отца много книг на иностранных языках. 6. У них в квартире несколько комнат. 7. У отца в кабинете несколько книжных шкафов. 8. У Булгаковых в доме много комнатных цветов.

10. Замените собирательные числительные количественными.

1. В семье было трое сыновей. 2. У Михаила было двое братьев. 3. У Булгаковых было семеро детей — трое сыновей и четыре дочери. 4. Все трое братьев стали врачами. 5. У меня есть трое близких друзей. 6. В зале пока всего пятеро зрителей. 7. В нашей группе шестеро студентов.

11. Прочитайте предложения. Скажите, как вы переведёте на родной язык названия произведений.

1. У Максима Горького есть повесть, которая называется «Трое». 2. Во многих театрах шёл спектакль «Двое на качелях». 3. Вы читали повесть английского писателя Джерома К. Джерома «Трое на велосипеде»? 4. А помните фильм «Семеро смелых»? 5. А я помню французский фильм «Их было пятеро».

12. Вспомните, какие значения имеет глагол **заниматься**.

1) заниматься *чем?* = работать, что-то делать в жизни

а) Прочитайте микродиалоги.

1. — Чем занимается ваш брат?
   — Мой брат работает. Он инженер.
2. — Чем занимается их дочь?
   — Она ещё школьница. Учится в десятом классе.
3. — Чем занимается этот молодой человек?
   — По-моему, ничем. Не работает, не учится.
4. — У них взрослые дети? Чем они занимаются?
   — Старший сын преподаёт в университете, а младший служит в армии.

б) Дополните микродиалоги начальными репликами. Используйте глагол **заниматься**.

1. —...?
   — Я точно не знаю. Кажется, она работает в поликлинике.
2. — ...?
   — Её муж — офицер. Он служит в армии.
3. —...?
   — Моя сестра — журналист. Работает на радио.
4. — ... ?
   — Мой брат — бизнесмен, работает в фирме, а сестра не работает — у неё семья, трое детей.
5. —...?
   — Мои племянники ещё учатся, один в строительном институте, второй — в экономической академии.

2) заниматься	*чем?*	1) наукой, историей, литературой, русским языком
		2) исследованием, изучением, описанием чего?
		3) спортом, музыкой, плаванием
	где?	в библиотеке, в лаборатории, дома
	как?	мало, много, хорошо, каждый день

13. Ответьте на вопросы.

1. Вы давно занимаетесь русским языком? Почему вы решили заниматься русским языком? Сколько раз в неделю вы занимаетесь русским языком? Вы занимаетесь один, самостоятельно или с преподавателем?

2. Вы занимаетесь спортом? Каким спортом вы занимаетесь? Какими видами спорта занимаются члены вашей семьи?

3. Вы не занимаетесь музыкой? И даже игрой на гитаре? А в детстве вы не занимались музыкой? Почему? А пением вы занимались? Тоже нет? Почему? Но, может быть, вы занимались бальными танцами?

4. Вы любите заниматься домашней работой? домашними делами? убирать квартиру? мыть посуду? готовить обед? (уборкой квартиры, мытьём посуды, приготовлением обеда).

5. Чем вы занимаетесь в свободное время? Чем вы занимаетесь по субботам и воскресеньям? Чем вы любили заниматься, когда учились в школе? В вашей семье каждый занимается только своим делом или есть общие дела, общие интересы, общие занятия?

14. а) Прочитайте микродиалоги.

1. — Как учится ваша дочь?
— Хорошо. Она много занимается.

2. — Как учится ваш младший брат? Хорошо?
— Не очень. Он способный мальчик, но мало занимается.

3. — Где ты обычно занимаешься?
— Я люблю заниматься дома, но иногда приходится заниматься в библиотеке.

4. — Дети ходят в музыкальную школу каждый день?
— Да, они занимаются каждый день, кроме пятницы и субботы.

5. — Что ты делал вчера?
— Весь день занимался. Завтра у меня экзамен.

6. — Чем вы занимались в воскресенье?
— В воскресенье мы ездили на дачу.

б) Составьте аналогичные диалоги, ориентируясь на свои жизненные ситуации.

III. ДИАЛОГИ

1. Прочитайте диалоги. Разыграйте их.

I

— Папа, я хочу познакомить тебя с моим другом. Его зовут Майкл Джонс.

— Очень приятно. Меня зовут Михаил Петрович.

— Мне тоже очень приятно с вами познакомиться.

— Кажется, Майкл — это по-русски Михаил. Значит, мы с вами тёзки.

— Да, а я не знал. Очень интересно.

II

— Августа Сергеевна, у вас такое необычное имя. Почему вас так назвали?

— Так звали мою бабушку, мать моего отца, поэтому и меня назвали Августой, Августиной.

— А вашу сестру зовут Лидия Сергеевна...

— Её назвали в честь другой бабушки. Мать моей матери звали Лидия.

III

— Светлана Васильевна, у вас была большая семья?

— Да как сказать... У моих родителей было трое детей — я, брат и сестра. Многие сейчас считают, что семья, где трое детей — большая.

— Брат и сестра моложе вас?

— Да, я старшая. Брат моложе меня на три года, сестра — на пять лет.

IV

— Борис Иванович, вы помните своё детство?

— Конечно! Прекрасные были годы! Друзья, игры, футбол, летом спортивный лагерь...

— А родители? Какие у вас были родители?

— Очень строгие! Требовательные. Отец любил порядок во всём. Он был военный, офицер. Я считаю, мой отец дал мне очень много. Он научил меня ценить время.

— А мать?

— Она по профессии была библиотекарь, но работала недолго. После рождения моего брата ушла с работы, стала домохозяйкой, занималась детьми и домом.

2. Расспросите друг друга о семье, родственниках, их занятиях, учёбе, работе.

IV. О ЧЁМ ПИШУТ ГАЗЕТЫ

1. Прочитайте слова. Знакомы ли они вам? Если да, то объясните их значение.

сирота, пособие

2. Прочитайте группы слов, постарайтесь понять незнакомые слова из объяснений:

уют = комфорт
уютный дом = дом, удобный для жизни
ютиться *где?* — жить в очень тесном помещении
　　Пять человек ютились в 12-(двенадцати)метровой комнате.
приютить *кого?* — дать человеку место, где можно жить
　　Она приютила ещё пятерых мальчиков.

приют — 　　1) место, где можно жить;
　　　　　　2) дом для детей-сирот.
гость
гостить *где?* — быть гостем
угощать / угостить *кого? чем?* — предлагать гостю еду
угощение — еда для гостей

3. Объясните, как вы понимаете выражения.

«**Злые языки**» говорили, что...
Дети **вышли** в самостоятельную **жизнь**.
Все **деньги уходят** на детей.
Дом, где **отогреваются сердца**.

4. Прочитайте статью о семье из города Владимира и ответьте на вопросы.

«Мать Владимирская» — так называют в городе Владимире Людмилу Александровну Веркину, которая вместе с мужем превратила свою квартиру в семейный детский дом. В семье Веркиных растут шесть дочерей и шестнадцать сыновей. Семеро уже отслужили в армии, одиннадцать вышли в самостоятельную жизнь, но по-прежнему называют приёмных родителей мамой и папой. Шестнадцать малышей Веркины приютили, когда в семье было уже шестеро своих детей.

Дверь в квартиру открыла стройная женщина в чёрном костюме. Это была хозяйка дома — Людмила Александровна. Из комнаты и кухни были слышны детские голоса. На столе в гостиной появилось угощение. Вместе с Людмилой Александровной дети быстро накрыли на стол. Было видно, что здесь любят и умеют принимать гостей, даже нежданных. «Угощайтесь, — уговаривала хозяйка, — всё с нашего огорода».

Создание сначала большой семьи, а потом и детского дома супруги Веркины объяснили тем, что они вышли из учительских семей. Педагогом стала и сама Людмила Александровна. Она много лет работала в детском саду воспитателем. Рождение каждого ребёнка родители считали большой радостью. Сначала в семье было четыре мальчика и две девочки. Семья стала многодетной. «Злые языки» говорили, что Веркины взяли чужих детей для того, чтобы получать от государства большое пособие. Так и хочется спросить тех, кто завидует Веркиным: «А что же вам мешает приютить у себя детей-сирот? Вон их сколько в детских домах». «Да, государство нам помогает, и мы благодарны ему за это, — говорит Людмила Александровна. Однако разбогатеть на пособиях невозможно. Все деньги уходят на детей».

Знакомясь с жизнью и бытом семьи Веркиных, я ещё раз убедился в точности пословицы «В тесноте, да не в обиде». Сначала семья ютилась в маленькой квартире. Потом завод, на котором работал Николай Лактионович, дал ему пятикомнатную квартиру, а государство добавило ещё две комнаты. Однако разместить в семи комнатах двадцать кроватей нелегко. А ведь нужны ещё и шкафы, столы, да и просто место, где дети могли бы учить уроки, заниматься, смотреть телевизор. Дети растут трудолюбивыми и доброжелательными, а тепло этого дома помогает преодолевать все трудности. Когда я покидал квартиру Веркиных, в голову пришла совсем не оригинальная мысль: вот — дом, где отогреваются сердца.

1. Где живёт семья Веркиных?
2. Кем работают муж и жена Веркины?
3. Как относятся Веркины к детям?
4. Почему они берут в свою семью сирот?
5. Какие проблемы есть в семье?
6. Как вы понимаете русскую пословицу «Не та мать, которая родила, а та, которая воспитала». Согласны ли вы с этим?

V. ПОВТОРЯЕМ ЛЕКСИКУ И ГРАММАТИКУ

> Я родился пятого ноября
> тысяча девятьсот восемьдесят первого года.

1. Вспомните, как в русском языке выражается время, какие падежные формы используются. Прочитайте таблицу.

месяц	в январе, в июле, в августе, в сентябре	П.п.
день + месяц	пятнадцатого июня, двадцатого сентября, тридцать первого декабря	Р.п.+ Р.п.
год	в тысяча девятьсот девяносто девятом году	П.п.
день + месяц + год	первого июня тысяча девятьсот девяносто первого года	Р.п.+Р.п.+Р.п.
век	в двадцатом веке	П.п.
период жизни	в детстве, в юности, в молодости, в старости	П.п.

2. Составьте микродиалоги — спросите, когда родились ваши колле-ги, их братья и сёстры, когда они пошли в школу, поступили в уни-верситет, начали работать, и получите ответ на вопрос.

О б р а з е ц: — *Когда родился ваш старший брат?*
— *В тысяча девятьсот шестьдесят девятом году.*
— *В каком месяце?*
— *В сентябре.*
— *Какого числа?*
— *Первого.*

3. Назовите даты рождения и смерти русских писателей и поэтов, указав: **а)** только год, **б)** месяц и год, **в)** полную дату.

1. Александр Сергеевич Пушкин — 6.VI. 1799 — 27. I. 1837
2. Михаил Юрьевич Лермонтов — 14. X 1814 — 27. VII. 1841
3. Николай Васильевич Гоголь — 1. IV. 1809 — 4. III. 1852
4. Иван Сергеевич Тургенев — 28. X. 1818 — 22. VIII. 1883
5. Лев Николаевич Толстой — 28. V. 1828 — 10. XI. 1910
6. Антон Павлович Чехов — 29.I. 1860 — 15. VII. 1904

4. Скажите, знаете ли вы:

1. Когда был основан Московский университет? 2. Когда бы-ли возрождены Олимпийские игры? 3. Когда был основан Петер-бург? 4. Когда была открыта Америка? 5. Когда окончилась Вто-рая мировая война? 6. Когда состоялся первый полёт человека в космос? 7. Когда была основана Москва?

(1147, 1492,1703, 1755, 1896, 1945, 1961)

5. Составьте предложения, сообщающие о том, что вы любили (не любили) делать, о чём любили читать в детстве, в юности, в моло-дости.

6. Поставьте слова, данные в скобках, в нужном падеже. Употребите, где необходимо, предлоги.

1. Я очень люблю (мои родители, брат, сестра, дедушка и ба-бушка). 2. У моего друга нет (отец и мать). 3. Мы часто получаем письма (мои родители) и сами часто пишем (они). 4. У моей сес-тры много (дети). 5. Мои родители давно не работают, они по-лучают (пенсия). 6. Ребёнка, у которого нет родителей, называ-ют (сирота). 7. Расскажите нам (своё детство). 8. Расскажите нам (своя биография).

> Мы встретились **через два года**.
> Мы встретились **после экзаменов**.

(ЗАПОМНИТЕ!) Предлог **через** + Р.п. используется для указания времени.

Предлог **после** + Р.п. используется для указания события.

7. Прочитайте предложения. Обратите внимание на то, с какими словами употребляются предлоги **через** и **после**.

1. Наш урок кончится через час. 2. Вы закончите университет через пять лет. 3. Позвони мне через полчаса. 4. После занятий мы поедем в библиотеку. 5. После работы мы пойдём в кино. 6. Мы пойдём в общежитие после уроков.

8. Вставьте предлоги **через** и **после** в предложения вместо точек.

Родители Михаила Афанасьевича Булгакова встретились в Киеве. В 1890 году Афанасий Иванович и Варвара Михайловна поженились, а ... год у них родился сын. Варвара Михайловна работала учительницей, но ... замужества посвятила себя семье. Родители много сил отдавали воспитанию детей. Дети ходили в школу, а ... учёбы работали по дому. ... смерти мужа на руках Варвары Михайловны осталось семеро детей. Мать продолжала руководить воспитанием детей. ... много лет Михаил Афанасьевич с теплотой вспоминал родительский дом.

9. Поставьте слова, данные в скобках, в нужном падеже. Употребите, где необходимо, предлоги.

1. Я очень люблю (мои родители, брат, сестра, дедушка и бабушка). 2. У моего друга нет (отец и мать). 3. Мы часто получаем письма (мои родители) и сами часто пишем (они). 4. У моей сестры трое (дети). 5. Мои родители давно не работают, они получают (пенсия). 6. Ребёнка, у которого нет родителей, называют (сирота). 7. Расскажите нам (своё детство). 8. Напишите нам (своя биография). 9. После (окончание) медицинского факультета он стал (врач).

(ЗАПОМНИТЕ!) Основные значения приставки **при-**.

прийти **при**ехать **при**быть	прибытие, приближение
присоединить **при**крепить **при**ложить	присоединение
присесть **при**встать **при**открыть	неполнота действия

10. Скажите, какое значение придаёт приставка **при-** глаголам:

прибыть в столицу, прилететь самолётом, приклеить марку, приложить документы, пришить пуговицы, прилечь на диван, присоединить территорию, приоткрыть дверь, приблизить руки к огню, приподнять чемодан.

11. Закончите предложения, употребив глаголы: **приоткрыть, привстать, присесть, приклеить, прибыть**.

    1. Я вошёл в кабинет, и декан предложил мне...
    2. Мне было плохо видно, что происходит на сцене, и я...
    3. Чтобы письмо дошло, надо...
    4. В классе душно...
    5. На станции диктор объявил по радио, что поезд...

VI. ГЛАГОЛЫ ГРУППЫ «УЧИТЬ — УЧИТЬСЯ»

1. Познакомьтесь с сочетаемостью глагола **учиться**.

учиться	*где?*	в школе, в гимназии, в колледже, в училище, в институте, в университете, в академии, в пятом классе, на втором курсе, на историческом факультете, на курсах русского языка
	как?	хорошо, отлично, средне, плохо, охотно, упорно, с интересом, с удовольствием
	на кого?	на юриста, на врача, на шофёра

2. Ответьте на вопросы.

1. Вы учитесь или работаете? Где вы учитесь? В каком университете? На каком факультете? На каком курсе вы учитесь? Где вы учились раньше? Сколько лет вы учились в школе? в гимназии?

2. Ваш брат (друг, сестра, подруга) учится или работает? Где он (она) учится? В какой гимназии он учится? В каком классе? Как он учится? Хорошо или не очень? Он учится с интересом или без всякого интереса? Он (она) собирается учиться дальше? Где он (она) собирается учиться?

3. Прочитайте глаголы и сочетающиеся с ними существительные. Объясните различия в значении глаголов.

Глагол	Вопрос	Значение	Пример
учить — выучить	*что?*	учить наизусть	*учить глаголы, слова, правила, роль*
изучать — изучить	*что?*	иметь научные знания	*изучать физику, литературу* *изучать природу, космос, творчество писателя*
учиться — научиться	*+ инфинитив* *чему?*	Я учился и теперь умею это делать	*учиться плавать, играть в шахматы* *учиться чтению, плаванию, шитью*
учить — научить	*кого?* *чему?*	Меня учили, и я умею это делать	*учить ребёнка говорить, учить плавать*
обучать — обучить	*кого?* *чему?*	учить кого-либо что-то делать (используется в официально-деловом стиле)	*обучать игре на гитаре*

4. Прочитайте микродиалоги. Обратите внимание на употребление глаголов **учить**, **изучать**, **учиться**.

1. — Какие предметы вы изучаете в университете?

— Мы изучаем историю, философию, лингвистику, психологию и другие предметы.

2. — Какие языки изучали раньше в гимназии?

— Раньше в гимназии изучали прежде всего древние языки — греческий и латинский и современные — немецкий и французский.

3. — Что ты учишь к вечеру русской поэзии?

— Я учу стихотворение Пушкина «Зимний вечер». А ты?

— А я решил учить стихотворение Лермонтова «Родина».

4. — Алло, Андрей! Приходи, есть новая компьютерная игра.

— Не могу. Завтра контрольная по-английскому, сижу и учу тексты...

5. — Где ты учился играть на гитаре?

— Нигде. Сам научился.

6. — Ты хорошо играешь в шахматы. Кто учил тебя?

— Отец, старший брат. У нас в семье все играют в шахматы.

7. — Вы играете на каком-нибудь музыкальном инструменте?

— Нет. Родители пробовали учить меня играть на фортепиано, но у меня не было ни слуха, ни желания...

5. Прочитайте объявления из журнала «Где учиться?». Какую информацию вы получили?

ИНСТИТУТ АНГЛИЙСКОГО ЯЗЫКА
ВЫСШЕЕ И ВТОРОЕ ВЫСШЕЕ ОБРАЗОВАНИЕ

ПЕРЕВОД И ПЕРЕВОДОВЕДЕНИЕ
Квалификация: лингвист-переводчик

ТЕОРИЯ И МЕТОДИКА ПРЕПОДАВАНИЯ ЯЗЫКОВ
Квалификация: лингвист-преподаватель

СВЯЗИ С ОБЩЕСТВЕННОСТЬЮ

Приём студентов в течение всего года

Формы обучения: очная и заочная

Время обучения: дневное, вечернее, группы выходного дня

Возможно обучение по индивидуальным планам

ОБЯЗАТЕЛЬНОЕ ИЗУЧЕНИЕ ДВУХ ЯЗЫКОВ

СОЦИАЛЬНО-ЭКОНОМИЧЕСКИЙ ИНСТИТУТ

приглашает без экзаменов на факультеты:
- ✓ **экономика**
- ✓ **менеджмент**
- ✓ **социально-культурный сервис и туризм**
- ✓ **информатика и современные технологии**
- ✓ **лингвистика**

ПРОДОЛЖИТЕЛЬНОСТЬ ОБУЧЕНИЯ — 5–7 лет

Обучение проводится опытными преподавателями ведущих вузов г. Москвы.

Форма обучения: дневная, вечерняя, заочная, экстернат

ОБУЧЕНИЕ ПЛАТНОЕ

6. Прочитайте предложения. Вставьте глаголы **учить — выучить, изучать — изучить, учиться — научиться, учить — научить.**

1. Студенты-историки должны ... наизусть большой фактический материал — даты, имена, географические названия, названия исторических событий. 2. Студенты-медики ... латинские названия частей тела, органов, болезней, лекарств. 3. Студенты педагогических институтов ... педагогику, психологию, логику, литературу и специальные предметы. 4. Этот учёный всю жизнь ... творчество Л. Толстого. 5. Языкознание — это наука, которая ... структуру и систему языка. 6. Этот молодой человек ... в институте физкультуры и работает в школе. Он ... школьников бегать, прыгать, плавать, ходить на лыжах. 7. На курсах можно ... работать на компьютере. 8. Как вы думаете, актёры ... свои роли наизусть? 9. На вечере поэзии мы будем петь песни на стихи русских поэтов, надо хорошо ... слова. 10. Папа ... меня кататься на коньках.

7. Замените предложения близкими по смыслу. Используйте глаголы **учить — выучить, изучать — изучить, учиться — научиться, учить — научить**. В случае необходимости перестройте предложения.

1. Вчера я не делал домашнее задание. 2. Ты хорошо знаешь новые слова из этого текста? 3. Все помнят свои роли? 4. Дома он написал и несколько раз прочитал свою речь. 5. В программе студентов-журналистов есть стилистика и риторика. 6. В гуманитарной гимназии нет физики и математики. 7. Я не умею кататься на коньках. 8. Моя сестра хорошо играет на пианино. 9. Ребёнок начинает ходить, родители помогают ему. 10. Бабушка показывает внуку буквы. Мальчик начинает немного читать.

8. Прочитайте и перескажите текст (от лица автора, от лица учителя, ученика, отца учителя).

Известный французский политический деятель Констан в детстве не отличался большим трудолюбием и учился плохо. Его учитель не знал, как заставить мальчика заниматься. Особенно мальчик не любил языки.

Однажды учитель предложил ученику придумать свой тайный язык, который будут знать только двое — Констан и его учитель. Мальчик с радостью согласился заниматься. Он быстро выучил алфавит, потом стал учить слова и незаметно запомнил большое количество слов и словосочетаний. Одновременно он учил грамматические правила. Скоро он научился свободно читать и писать на «выдуманном» языке, легко и быстро выучил несколько стихотворений и прозаических текстов. За короткий срок мальчик изучил новый язык, считая его выдумкой.

Прошло много лет, и однажды случайно Констан обнаружил, что он блестяще знает древнегреческий язык.

VII. ДОПОЛНИТЕЛЬНЫЙ ТЕКСТ

1. Прочитайте предложения. Объясните их значения.

Родители Чехова были простые люди.
Ему суждено было стать художником.
Когда дети начали работать, в семью пришёл достаток.

2. Прочитайте сложные слова, объясните их, выделите в них корни.

целеустремлённый человек
детолюбие родителей
работоспособный человек
разносторонние таланты
самоучка

3. Прочитайте текст и ответьте на вопросы.

СЕМЬЯ ЧЕХОВЫХ

Антон Павлович Чехов (1860—1904) родился в 1860 году в городе Таганроге. Его отец, Павел Егорович, и мать, Евгения Яковлевна, были простые люди. У них было шестеро детей — сыновья Антон, Александр, Николай, Иван, Михаил и дочь Мария.

Отец и мать очень любили детей, и дети отвечали им тем же. «Славные они люди, — писал Антон Павлович о родителях, — если когда-нибудь мне суждено высоко стоять, то этим я буду обязан только им, их бесконечному детолюбию». Но, любя детей, родители не баловали их, воспитывали в строгости, приучали к труду.

Все Чеховы привыкли подниматься на заре. Отец, Павел Егорович, в 5 часов утра открывал свою лавку. Антон Павлович, когда стал врачом, в 5 утра начинал приём больных, а если больных не было, садился за работу, за письменный стол. Многие, кто знал Чехова, вспоминали о редкой работоспособности писателя. «Он всё сидит, пишет, пишет, пишет. Если нет медицинской практики, он целый день не выходит на улицу», — писал позднее один из его друзей.

Все Чеховы обладали твёрдым, целеустремлённым характером. Все хорошо учились, окончили гимназии, получили высшее образование. Как люди труда, они знали цену копейки, были очень скромны и бережливы. Крестьяне по происхождению, Чеховы любили землю. Антон Павлович любил сажать цветы, Мария Павловна — работать в саду.

В 1876 году семья Чеховых переехала в Москву. Сначала жили трудно, бедно, но дружно. Когда после окончания университета братья начали работать, в семью пришёл достаток. Чеховы сняли дом в Москве. В семье Чеховых царила атмосфера дружбы, творческого труда, интереса к литературе, к театру, внимание к человеку. «В родной семье я не чувствовал себя так душевно легко, тепло и уютно, как чувствовал себя в радушной семье Чехова», — вспоминал один известный писатель.

Три раза в день — за завтраком, обедом и ужином всегда в одно и то же время семья собиралась в столовой. За столом велись оживлённые разговоры, обсуждались домашние дела, московские новости. В семье любили шутку, и часто в доме звучал смех.

Семья Чеховых была букетом разносторонних талантов. Отец, Павел Егорович, самоучкой научился играть на скрипке, пел и руководил хором, неплохо рисовал. «Талант у нас со стороны отца», — говорил Антон Павлович. Сам он обладал красивым и сильным голосом и прекрасным слухом. Брат Александр был одарённым лингвистом, журналистом и писателем. Талантливый художник Николай Чехов был блестящим пианистом. Михаил был писателем, юристом, переводчиком и учёным. Иван был талантливым педагогом и живописцем. Сестра Мария Павловна, учительница по профессии, серьёзно занималась живописью, была прекрасным музейным работником. А главное — все Чеховы были великие труженики.

1. Какими людьми были родители А.П. Чехова? Как их звали?
2. К чему они приучали детей?
3. Какими были Чеховы в жизни, в быту?
4. Какими талантами обладали А.П. Чехов, его сестра и братья?

4. Скажите, как вы понимаете предложения.

1. Своими успехами я обязан родителям, их бесконечному детолюбию.
2. Как люди труда, они знали цену копейки.
3. Чеховы — букет разносторонних талантов.
4. Ещё раз прочитайте о семье Булгаковых и о семье Чеховых. Скажите, есть ли что-нибудь общее между этими семьями и что их отличает.
5. Скажите, как следует (или можно) понимать слова известного детского поэта Сергея Михалкова «Всё начинается с детства».

VIII. ДАВАЙТЕ ПОГОВОРИМ

1. Согласитесь или опровергните. Приведите аргументы.

1. Семья должна быть многодетной.
2. Главой семьи должен быть только муж.
3. Воспитанием детей должна заниматься мать.
4. Женщина-мать не должна работать вне семьи.
5. Родители, которые имеют педагогическое образование, отлично воспитывают своих детей.
6. Дети должны заниматься физическим трудом.

2. Ответьте на вопросы.

1. Когда и где вы родились?
2. Как зовут вашего отца? Как зовут вашу мать?
3. Сколько лет было вашему отцу, когда вы родились? Сколько лет было вашей матери?
4. Чем занимается ваш отец? Кто он по специальности?
5. Чем занимается ваша мать? Есть ли у неё специальность? Где и кем она работала до замужества?
6. Есть ли у вас братья и сёстры? Как их зовут? Сколько им лет? Чем они занимаются? Они работают или учатся? Если работают, то где и кем?
7. Какая у вас семья? Как родители относятся к вам, вашим братьям и сёстрам? Как вы относитесь к родителям?
8. Что дала вам семья, родители, старшие братья и сёстры?

Урок 2

Речевая тема:
РАЗГОВОР О ПРОФЕССИИ

ЛЕКСИКО-ГРАММАТИЧЕСКИЙ МАТЕРИАЛ:

- Конструкции с глаголами *быть, стать, работать*
- Безличные конструкции с безличными глаголами
- Прямая и косвенная речь
- Глаголы с приставкой *пере-*
- Глаголы группы *писать—написать*
- Глагол *писать* с приставками
- Тексты: «*Моя профессия*», «*Академик Петровский*», «*Путь к профессии*», «*Какие профессии востребованы?*», «*Адвокат Фёдор Плевако*»

I. РАБОТА С ТЕКСТОМ

1. Прочитайте слова и словосочетания и объясните их значение.

редакция корреспондент	газеты

заметка рубрика	в газете

командировка
телеведущий

2. Объясните, как вы понимаете значение фразеологизмов.

Я постарался **не ударить в грязь лицом**.

Я **сделал вид**, что должен посоветоваться с родными.

Я побывал **во многих уголках мира**.

3. Прочитайте текст.

МОЯ ПРОФЕССИЯ

Василий Михайлович Песков — журналист, писатель, корреспондент, телеведущий. Родился в 1930 году в Воронежской области. 50 лет проработал в газете «Комсомольская правда». Многие годы занимается вопросами экологии. В газете ведёт рубрику «Окно в природу», много лет вёл на телевидении передачу «В мире животных».

Я люблю свою профессию. Это, наверное, самое главное, когда мы говорим о профессии и человеке. Я выбирал профессию, когда отец только вернулся с войны. Он не мог указать сыну дорогу, потому что сын для отца был загадкой: сын стал взрослым, пока отец четыре года был на фронте. Но главное всё-таки я узнал от отца: «Счастье — это когда свой хлеб человек добывает любимым делом».

Сначала казалось, что моё любимое дело — заниматься с детьми. Каждое лето я с удовольствием работал в спортивном лагере. Потом был киномехаником, фотографом. Много профессий перепробовал.

Я любил читать «Комсомолку», и как-то решил написать туда заметку. Это был рассказ о природе. Заметку, к моему удивлению, напечатали и попросили принести что-нибудь ещё. Я понимал: идёт проверка моих способностей, и постарался не ударить лицом в грязь. Для новой заметки я выбрал опять тему защиты природы. Статья понравилась, её напечатали, а меня пригласили в Москву и спросили, не хочу ли я работать в «Комсомолке». Я сделал вид, что должен посоветоваться с родными, но тогда для себя я всё уже решил. Я буду работать в газете. Для начала мне предложили съездить в командировку в Сибирь, и я с радостью согласился — очень хотелось посмотреть новые места. Почти два месяца я был на Байкале и привёз в Москву много интересного материала.

Как корреспондент «Комсомолки» я объездил нашу большую страну. Побывал на Урале и в Сибири, на Кавказе и на Крайнем Севере, во всех республиках, в больших городах и маленьких деревнях, побывал во многих уголках мира. Писал о многом — о встречах с людьми, об интересных событиях и путешествиях. Первым из журналистов я попал на космодром в Байконур, писал о Юрии Гагарине, а 12 апреля 1961 года первым сделал фотографию его семьи. Я встречался со многими интересными людьми, но моей главной темой всегда была природа, к которой я отношусь не только как зоолог и биолог. Природа для меня — это познание жизни, её законов. Рассказ о природе — не только просвещение человека, но и формирование его мировоззрения, основанного на знаниях и на любви к земле и ко всему живому.

* * *

Работа журналиста — нелёгкое дело. Когда ты в командировке, то собираешь и готовишь материал, потом передаёшь его в редакцию. И это не только в поездках. Если вы проходили мимо здания редакции, то видели, что там работают и ночью. Читатель не может вспомнить случая, чтобы газета не вышла, значит, журналисту надо ехать, спешить куда-то. Месяц работаешь без выходных: ездишь, смотришь, беседуешь, записываешь, собираешь материал. Возвращаешься и садишься писать, несмотря на усталость. Зато журналисту знакома и большая радость. Ночью, когда город ещё спит, вся редакция ждёт выхода газеты. Утром миллионы людей прочитают твою статью, и от этого тебе становится радостно и немного страшно.

* * *

Жизнь журналиста — сплошные дороги. Два моих соседа по-разному относятся к этой жизни. Один, узнав, что я вернулся из командировки, приглашает на чай и ждёт рассказов. Он всем интересуется и всегда внимательно слушает всё, что я рассказываю. Другой сосед не одобряет такую жизнь. «Всего себя на дорогах растеряешь», — говорит он. Это может быть верно, потому что в каждой поездке журналист оставляет часть своего сердца. А ещё он всегда думает о своих читателях и работает для них. Я отношусь к читателям с большим уважением, и они, как мне кажется, отвечают мне тем же. Однажды пришла большая посылка от пожилой женщины — три толстые тетради с моими заметками из газеты. И письмо: «На Ваших статьях я вырастила сына и воспитала внука. Теперь посылаю Вам с благодарностью». Значит, я не ошибся в выборе профессии. Моя работа нужна людям.

Любовь моих читателей заставляет меня работать и в 75 лет. Могу сказать, что всем, что имею в жизни, я обязан своей работе в газете.

* * *

Василию Михайловичу Пескову — 75 лет. Но он не думает уходить на пенсию. Недавно он побывал в Африке, во Франции, а завтра уезжает на север, думает писать об экологии Русского Севера. Ему только 75.

4. Ответьте на вопросы.

1. Сразу ли Василий Песков выбрал профессию журналиста?
2. Почему отец не мог помочь сыну выбрать профессию?
3. Как отец понимал счастье?
4. Как Василий Песков попал в газету?
5. Почему автор говорит, что жизнь журналиста — сплошные дороги?
6. Какие чувства испытывает журналист, когда видит свежий номер газеты?
7. Как разные люди относятся к работе журналиста?
8. Почему Песков считает, что не ошибся в выборе профессии?

5. Употребите подходящий по смыслу глагол.

готовить, ездить, оставлять, отправляться, писать, приехать, сидеть, сдавать, уезжать, узнавать.

Жизнь журналиста

Нам, журналистам, часто приходится ... по стране. Открывают новый мост, и журналист должен ... туда, и ... материал, и ... статью. На улице праздник, а журналист ... за столом и ..., потому что надо ... статью в газету. Он только что ... из Африки, а через неделю ему надо ... на север. И в каждой поездке он ... много нового и интересного. И в каждой поездке он ... частицу своего сердца.

6. Употребите слова, стоящие в скобках, в нужном падеже. Где необходимо, вставьте предлог.

1. Отец вернулся (война), когда мальчику было 15 лет. 2. Журналист только что вернулся (командировка, космодром). 3. В «Комсомолке» напечатали (моя первая заметка). 4. В каждой поездке оставляешь ... (частица сердца). 5. Не все одобряют (такая жизнь). 6. Журналисту приходится встречаться (разные люди). 7. Я люблю беседовать (мой старый сосед-пенсионер). 8. Соседи по-разному относятся (моя беспокойная профессия). 9. Приятно дождаться (свежий номер газеты). 10. Моя работа требует от меня (большие знания).

7. Расскажите, что вы знаете о работе журналиста. Какими чертами характера надо обладать, чтобы стать журналистом?

8. Расскажите об известном в вашей стране журналисте.

II. ЛЕКСИКО-ГРАММАТИЧЕСКИЕ УПРАЖНЕНИЯ ПО ТЕМЕ

(ЗАПОМНИТЕ!) Существительные, называющие профессии лиц мужского и женского пола, имеют одну форму. В официальных документах употребляется существительное только мужского рода.

1. Прочитайте названия профессий. Обратите внимание на особенности обозначения лиц мужского и женского пола.

Официальный стиль	Разговорный стиль
инженер	—
врач	—
учитель	учительница
продавец	продавщица
шофёр	—
директор	—
переводчик	переводчица
журналист	журналистка

2. Запомните суффиксы, показывающие профессию человека.

-ЧИК / -ЩИК	переводчик, лётчик, настройщик
-ТЕЛЬ	строитель, воспитатель, учитель, водитель
-ИК	физик, химик, математик
-ИСТ	артист, программист, таксист, машинист

быть
стать } *кем?*
работать

ЗАПОМНИТЕ! Слова, которые обозначают научные звания (профессор, доцент, доктор наук, академик), **не употребляются** с глаголом **работать**.

Он (она) — профессор.
Он был (стал) профессором.
Он будет (станет) профессором.

3. Закончите предложения, используя слова, данные справа.

О б р а з е ц: Я работал фотографом.

1. Мой отец работал... 2. Мой старший брат стал... 3. Я и не знал, что мне придётся быть... 4. В детстве я мечтал быть... 5. После окончания университета я буду... 6. Я хотел бы стать... 7. Я думал, что стану... 8. В молодости она мечтала быть... 9. Моя мать работала в больнице...

врач, инженер, киномеханик, космонавт, дипломат, шофёр, переводчик, учительница, экскурсовод, учёный, актриса, медсестра

4. Дополните диалоги репликами, используя слова, данные в скобках.

О б р а з е ц: — Ещё год назад Анна была школьницей. (студентка)
— Теперь она стала студенткой.

1. — Я ещё студентка. (врач)
— Но скоро ...

2. — Моя старшая сестра врач. (медсестра)
— А раньше она ...

3. — Раньше он был преподавателем. (профессор)
— А теперь ...
4. — Мой брат студент. (инженер)
— Он хочет ...
5. — Я помню его школьником. (известный журналист)
— А теперь ...
6. — Я знал его студентом. (декан нашего факультета)
— Год назад ...
7. — Я помню её школьницей. (известная артистка)
— Она уже давно ...

5. а) Прочитайте диалог.

— Кто твой отец, Сергей?
— Директор школы.
— А кто он по специальности?
— Историк.
— А чем занимается мать?
— Она уже не работает. Она пенсионерка.
— А где она работала?
— В больнице.
— Кем?
— Врачом. Она по специальности детский врач.

б) Задайте аналогичные вопросы студентам вашей группы об их родителях, братьях, сёстрах.

6. Дополните диалог вопросами.

— ... ?
— Мой брат журналист.
— ... ?
— В редакции газеты.
— ... ?
— В МГУ на факультете журналистики
— ... ?
— Сестра тоже учится в университете.
— ... ?
— На историческом.
— ... ?
— Нет, археологом.

7. Прочитайте текст. Слова, данные в скобках, поставьте в нужном падеже.

Известный физик академик Пётр Леонидович Капица родился в 1894 году. Отец его был (военный инженер), мать окончила исторический факультет университета, увлекалась (фольклор), была (детская писательница). Никто в семье не занимался (физика). И вообще в то время физика не считалась (перспективная наука). Героями дня были инженеры — строители мостов и железных дорог.

Почему же сын инженера стал (физик-теоретик), а не (инженер, врач, морской офицер, адвокат)? Ещё в гимназии Капица увлекался (физика). И это увлечение стало (дело всей жизни). Сыновья академика также стали (крупные учёные) в области физики.

8. Закончите предложения. Используйте в предикативной части инфинитив.

О б р а з е ц: Моё любимое дело — заниматься с детьми.

1. Моё любимое занятие — ...
2. По-моему, лучший отдых — ...
3. Самое главное в жизни — ...
4. Главное в жизни студента — ...
5. Моя цель — ...
6. По-моему, самая интересная работа — ...

(читать детективы, учиться, бродить по лесу, стать писателем, стать хорошим специалистом, выбрать профессию, слушать музыку, закончить университет, преподавать иностранные языки)

9. а) Прочитайте текст. Объясните значение выделенных слов и словосочетаний. Ответьте на вопросы.

АКАДЕМИК ПЕТРОВСКИЙ

*Есть учёные, которые очень рано **почувствовали** своё **призвание**. Один уже в детстве любил наблюдать жизнь птиц и потом стал известным биологом, другой в десять лет **пытался конструировать** телескоп, чтобы наблюдать планеты и звёзды...*

Путь академика Ивана Георгиевича Петровского к математике был непростым. Вначале он собирался стать физиком или химиком и поступил в Политехнический институт. Он **проучился** в институте три года, когда понял, что самая интересная наука — это математика. Петровский ушёл из института и решил поступать на математический факультет. С тех пор и до конца жизни судьба Ивана Георгиевича **была связана** с Московским университетом. Он **прошёл все ступеньки университетской лестницы** — студент, аспирант, ассистент, доцент, профессор, заведующий кафедрой, декан механико-математического факультета, ректор университета, академик.

В своих публичных выступлениях при обсуждении вопросов образования и подготовки научных кадров Петровский не раз говорил о том, что нельзя **раз и навсегда** определить, к чему способен человек и чем он должен заниматься в жизни. Очень многие, в том числе и очень талантливые люди, **нашли свой путь** не сразу, а лишь после долгих поисков. Так, знаменитый немецкий учёный Герман Гельмгольц по образованию был врач, но впоследствии стал крупным физиком. Академик Александр Виноградов, известный геохимик, вначале также был медиком. Известный историк и археолог Артемий Арциховский получил сначала техническое, а затем гуманитарное образование.

1. Почему человеку трудно найти своё призвание?
2. Могут ли родители помочь своему ребёнку в выборе профессии?
3. Объясните значения фразеологизмов: **искать себя** и **найти своё место в жизни**.

б) Скажите, есть ли среди ваших знакомых люди, которые не сразу выбрали свой путь в жизни или поменяли специальность.

10. Прочитайте текст. Обратите внимание на выделенные фразеологизмы. Ответьте на вопросы.

ПУТЬ К ПРОФЕССИИ

Каждому русскому человеку, который любит детективы, знакомо имя Александры Марининой, автора криминальных романов, ставших бестселлерами. Марина Анатольевна Алексеева —

это настоящее имя писательницы — дала интервью корреспонденту одного московского журнала. Вот что она рассказала:

«Я родилась в семье юристов. Все мои родственники были юристами, поэтому с детства я знала, что пойду по их стопам. Отец был энциклопедически образованным человеком и дал мне широкое образование. С пяти лет я изучала английский язык, много занималась музыкой. Моя мама занимала пост первого вице-президента Российской правовой академии. В доме была большая библиотека, и всё свободное время я читала. После окончания школы я хотела продолжить династию юристов, поэтому у меня была одна дорога — на юридический факультет МГУ.

После окончания университета я несколько лет работала в Министерстве внутренних дел, занималась научной работой, собирала аналитический материал о преступлениях, который потом стал материалом для моих романов. Писать я начала поздно, в 30 лет, но уже первый мой роман имел большой успех. Мои читатели — люди разных профессий. Они часто пишут мне письма, из которых я поняла, что в романах они находят отражение своих мыслей».

(А. Маринина)

1. Объясните значение фразеологизмов **идти по стопам** *кого-либо*, **продолжить династию**.
2. Есть ли в вашей стране традиция идти по стопам родителей?

III. ДИАЛОГИ

1. Прочитайте диалог. Скажите, с кем вы согласны, с Галиной Петровной или с Милой, и почему. Передайте содержание диалога в косвенной речи.

— Галина Петровна, вы любите свою работу?

— Люблю.

— А я не понимаю, за что можно любить работу преподавателя. По-моему, это совсем не интересно — повторять одно и то же каждый год...

— Ты ошибаешься, Мила. Настоящий преподаватель никогда не преподаёт в этом году, как в прошлом. Каждый год он работает по-новому. А кроме того, преподаватель работает с людьми, со студентами. Он учит их, передаёт им свои знания, Он видит, как они растут, становятся взрослыми, умными, образованными. Это и интересно, и радостно — видеть частицу своего труда в растущем человеке.

— Может быть, но я, например, не представляю себя преподавательницей.

2. Известно, что многие молодые люди общаются друг с другом в Интернете. Такое общение большого количества людей называется не диалогом, а полилогом. Прочитайте, что говорят молодые люди о выборе профессии. Почему так трудно найти свой путь?

— Мне давно пора выбрать профессию. Скоро поступление в институт. Все спрашивают меня, куда собираюсь поступать. Я ничего не могу ответить. Вот решила спросить ваше мнение, подскажите мне, куда лучше пойти учиться...

— Даже не знаю, что тебе посоветовать. Я сама долго мучилась, потом выбрала... Прочитала в справочнике для тех, кто поступает в вузы, что есть такая специальность — классическая филология... Вроде интересно, ну и поступила... Потом были постоянные вопросы: «А кем ты будешь?» Я долго не могла на него ответить. Потом встретился мне человек, который на мой вопрос: «А кем я буду?» — ответил: «Человеком с высшим образованием». В общем, сделать правильный выбор очень сложно. Но ведь ошибиться — это не смертельно. В любом случае у тебя будет высшее образование, а это немало.

— А для меня выбор моей профессии (лингвистика) был понятен с детства: когда мне было десять лет, мы всей семьёй поехали во Францию, и я год ходила во французскую школу. Затем, когда мы вернулись, у нас в школе открылся специальный экспериментальный класс, где все предметы (математика, физика, химия, биология) преподавались на французском. После школы я поступила на французский факультет лингвистического университета, здесь также все предметы — маркетинг, экономика, история, преподаются на французском языке.

IV. О ЧЁМ ПИШУТ ГАЗЕТЫ

1. Прочитайте словосочетания. Знакомы ли они вам? Если да, то объясните их.

престижный вуз
высококвалифицированный специалист
высокооплачиваемая работа
служба занятости
ярмарка вакансий

2. а) Прочитайте и переведите слова и словосочетания.

требовать / потребовать *чего?*
требования чего?
предъявлять / предъявить требования *к кому? к чему?*
требоваться
востребован
быть востребованным

б) Прочитайте предложения, в которых использованы данные слова и словосочетания.

На этом предприятии к молодым специалистам предъявляют высокие **требования**.

На заводе **требуются** рабочие.

Сегодня в Москве **востребованы** высококвалифицированные рабочие.

3. Объясните значения слов.

Абитуриент — это человек, который...
Выпускник — это...
Компьютерщик — это специалист, который...
Менеджер — это...

4. Прочитайте статью из журнала «Студенческий меридиан», объясните значение выделенных конструкций и ответьте на вопросы.

КАКИЕ ПРОФЕССИИ ВОСТРЕБОВАНЫ?

В конце 90-х годов самыми популярными профессиями были юристы, экономисты и программисты. Сейчас на рынке труда таких специалистов уже много. На хорошее место могут рассчитывать только студенты таких престижных вузов, как МГУ, МГИМО и юридическая академия. Такая ситуация сохранится ещё минимум пять лет, поскольку все хорошие места в банках и частных фирмах заняты выпускниками 90-х годов. Правда, **компьютерщики ещё в цене**. Работу найти можно.

Специалисты служб занятости советуют абитуриентам обратить внимание на технические специальности. Например, сейчас требуются менеджеры и инженеры. Если вы придёте на ярмарку вакансий, то увидите, что большинство агентств приглашают именно таких специалистов. Сейчас хорошему инженеру обещают зарплату директора завода. Особенно это касается пищевой промышленности, которая развивается очень быстро. Медленно, но российские **предприятия встают на ноги**, реконструируются и растут, поэтому специалистов не хватает.

Но особенно сегодня востребованы высококвалифицированные рабочие. Директор одного столичного завода пожаловался, что хороших рабочих найти очень трудно, даже на большую зарплату. Наверное, родителям стоит задуматься над этим. Может быть, если ребёнок не хочет идти учиться в высшее учебное заведение (вуз), надо предложить ему учёбу в профессионально-техническом училище (ПТУ). У выпускника ПТУ сейчас больше шансов найти высокооплачиваемую работу, чем у выпускника вуза. Кроме того, сейчас и выпускники институтов могут начать трудовую жизнь с рабочих специальностей, а **карьерный рост** дипломированного специалиста — дело реальное. Спрос на представителей технических специальностей будет ещё лет семь. Так что сегодняшним абитуриентам, есть о чём подумать.

1. Какие специальности востребованы сегодня на российском рынке труда и почему?
2. Какие профессии выбирают молодые люди в вашей стране?
3. Что такое престижная работа?

5. Что, по-вашему, оказывает наибольшее влияние на выбор профессии?

пример родителей, чтение литературы, телевидение, советы друзей.

6. Прочитайте объявления из газеты «Работа в Москве» и скажите, какие специалисты востребованы в столице.

МОСКОВСКАЯ СЛУЖБА ЗАНЯТОСТИ

для населения города Москвы

2–3 февраля проводит

ЯРМАРКУ ВАКАНСИЙ

*Ждём вас с 11.00 до 18.00 по адресу:
ул. Кузнецкий мост, д. 11.*

ПРИГЛАШАЕТСЯ

МЕНЕДЖЕР
ПО РАБОТЕ С РЕГИОНАМИ

Требование: *мужчина от 23 до 30 лет, высшее образование (техническое).*

Личные качества: *коммуникабельный, трудолюбивый, ответственный.*

Функции: *работа с представительствами в регионах, проведение переговоров.*

СРОЧНО! ПРИГЛАШАЮТСЯ
ВЫСОКОКВАЛИФИЦИРОВАННЫЕ СПЕЦИАЛИСТЫ

- **ТОКАРЬ**
- **СЛЕСАРЬ**
- **СТОЛЯР**

Мужчины до 60 лет с опытом работы, специальное образование.

СТРОИТЕЛЬНАЯ ОРГАНИЗАЦИЯ
приглашает
на постоянную работу:
АРХИТЕКТОРОВ И ИНЖЕНЕРОВ
Муж./жен., в том числе
студенты, выпускники ВУЗов
Зарплата зависит
от квалификации

МОСКОВСКОМУ ИЗДАТЕЛЬСТВУ ТРЕБУЮТСЯ:
КУРЬЕРЫ
З/п 1300 руб. в день
Возраст
от 18 до 45 лет

V. ПОВТОРЯЕМ ЛЕКСИКУ И ГРАММАТИКУ

> *Журналисту приходится много ездить*
> Д. п. + безличный глагол + инфинитив

1. Повторите безличные глаголы. Знаете ли вы их значения.

	Настоящее время (нсв)	Прошедшее время	(св)	Будущее время (св)
Кому?	приходится	приходилось — пришлось		придётся
	—	доводилось — довелось		доведётся
	удаётся	удавалось — удалось		удастся
	предстоит	предстояло		
	—	посчастливилось		посчастливится
	надоедает	надоедало — надоело		надоест
	остаётся	оставалось — осталось		останется
	стоит	стоило		—
	следует	следовало		—

2. Прочитайте и сравните тексты. Обратите внимание на синонимические конструкции.

Писатель А.И. Куприн вспоминал, как **он имел счастье** близко видеть Льва Толстого. Это было в Крыму. **Куприн смог** попасть на пароход, на котором **семья** Толстого **должна была** плыть из Ялты в Севастополь.

Писатель А.И. Куприн вспоминал, как **ему посчастливилось** близко видеть Льва Толстого. Это было в Крыму. Куприну **удалось** попасть на пароход, на котором **семье** Толстого **предстояло** плыть из Ялты в Севастополь.

3. Употребите существительные, стоящие в скобках, в нужном падеже.

1. Иногда (журналист) приходится работать целые сутки.
2. Недавно (автор) посчастливилось побывать в Африке.
3. (Этот корреспондент) посчастливилось побывать на космодроме.
4. Анна болела, (она) придётся сдавать экзамены осенью.
5. Где (вы) удалось достать эту книгу?
6. На следующей неделе (я и ещё один студент) предстоит делать доклад на семинаре.
7. Я думаю, (все) стоит посмотреть этот фильм.
8. (Мы все) осталось сдать один экзамен.
9. Если ваш отец плохо видит, (он) следует обратиться к врачу.

4. Добавьте реплики в диалогах, используя глаголы, данные в скобках.

Образец: — *Посмотри, какая у меня книга. (удалось)*
— *Как тебе удалось достать её?*
— *Я хочу отправить посылку домой. (придётся)*
— *Тебе придётся идти на почту.*

1. Я сдал все экзамены на «отлично». (пришлось)
2. Вчера я слушал оперу «Князь Игорь». (удалось)
3. Мы сдали два экзамена. (удалось)
4. Мой брат в этом году кончает школу. (предстоит)
5. Как ты думаешь, нам нужен этот словарь? (следует)
6. Иван лежит в больнице уже две недели. (надоело)
7. Говорят, это интересный фильм. (стоит)

5. Составьте предложения из данных слов и словосочетаний, используя безличные глаголы.

она		достать нужную книгу
Анна		пойти на этот концерт
писатель	безличный	найти хорошую работу
журналист	глагол	поехать в очередную командировку
студент		учиться ещё один год
преподаватель		посмотреть этот фильм
ты		лечь в больницу
корреспондент		участвовать в брифинге

Редактор сказал мне: «Вы можете работать в газете».
Редактор сказал мне, что я могу работать в газете.

---

6. Замените прямую речь косвенной.

1. Мне сказали: «Ваш материал пойдёт в номер».
2. В редакции мне сказали: «Мы напечатаем вашу заметку».
3. Один мой сосед говорит: «У тебя неспокойная работа».
4. Автор считает: «Я правильно выбрал профессию».
5. Он писал: «Мой труд нужен людям».
6. Его отец говорил: «Счастье — это добывать хлеб любимым делом».

Редактор спросил меня: «Хочешь полететь в Африку?»
Редактор спросил меня, не хочу ли я полететь в Африку.

---

7. Замените прямую речь косвенной.

О б р а з е ц: *Редактор спросил меня: «Хотите работать в газете?»*
Редактор спросил меня, не хочу ли я работать в газете.

1. Редактор
спросил меня: «Хочешь поехать на Русский север?»
2. ....: «Можете зайти ко мне в кабинет?»
3. ....: «Хотите посмотреть свежий номер газеты?»
4. Редактор
спросил его: «Принесёшь сегодня материал в номер?»
5. ....: «Напишешь статью для завтрашнего номера?»

> Друг спросил меня: «У тебя **есть** зажигалка?»
> Друг спросил меня, **нет ли** у меня зажигалки.

(ЗАПОМНИТЕ!) Конструкция **«нет ли»** требует родительного падежа.

О б р а з е ц: *Меня спросили: « У тебя есть свежая газета?»*
Меня спросили, нет ли у меня свежей газеты.

1. Меня спросили: «У тебя есть свободное время?»
2. .... : «У вас есть лишний билет?»
3. ....: «У вас есть российские марки?»
4. ....: «У вас есть мелкие деньги?»
5. ....: «У вас есть простой карандаш?»

8. Составьте аналогичные вопросы, используя словосочетания:

а) пойти в театр, послушать музыку, пойти на футбол, дать свой учебник, написать заметку, выступить на вечере, перевести кусок текста;

б) лишняя ручка, русско-испанский словарь, чистая тетрадь, телепрограмма, учебник истории, новое расписание.

(ЗАПОМНИТЕ!) Основные значения приставки **пере-**.

перечитать **пере**строить **пере**делать **пере**работать	действие, производимое заново
переехать **пере**лететь **пере**бросить **пере**ставить	перемещение через предмет или пространство
пересолить **пере**платить **пере**греть(ся) **пере**утомиться	действие, превышающее норму

9. Скажите, какое значение придаёт приставка **пере-** глаголам.

перепечатать статью,

перешить платье,

перебежать через дорогу,

перевесить картину,

пересолить суп,

переварить картошку,

переставить мебель,

пережарить мясо,

перевезти вещи на дачу,

переплыть на другой берег.

10. Замените предложения близкими по смыслу, употребив в них глаголы с приставкой **пере-** .

О б р а з е ц: Надо прочитать этот роман ещё раз.

Надо **перечитать** *этот роман.*

1. Надо сесть на другое место, поближе к сцене.
2. Надо поставить телевизор подальше от окна.
3. Напишите это предложение ещё раз и без ошибок.
4. Кажется, я заплатил за книгу больше, чем надо.
5. Вы слишком долго варили овощи.
6. Посмотрите текст ещё раз. Кажется, в нём есть ошибки.

11. Закончите предложения, употребив глаголы:

переехать, пересесть, переплыть, переписать, перепечатать, переутомиться, перегреться, перевесить, перестроить

1. Работа написана с ошибками, ...
2. Документ напечатан неаккуратно, ...
3. Отсюда ничего не видно, ...
4. Раньше мы жили в самом центре, ...
5. По-моему, картина висит не на месте, ...
6. В этом месте река очень быстрая, ...
7. Вам, наверное, надо отдохнуть, ...
8. Нельзя так долго сидеть на солнце, ...
9. Раньше в этом здании было шесть этажей. А теперь это высокое девятиэтажное здание.

VI. ГЛАГОЛЫ ГРУППЫ «ПИСАТЬ — НАПИСАТЬ»

1. Прочитайте глаголы и сочетающиеся с ними существительные. Объясните различия в значении глаголов.

Глагол	Вопрос	Значение	Пример
переписывать — переписать	*что?*	написать ещё раз	*переписать текст*
записывать — записать	*что? куда?*	чтобы не забыть	*записать адрес*
выписывать — выписать	*что? откуда?*	из текста	*выписать цитату из книги*
описывать — описать	*что?*	дать описание	*описать картину, внешность человека*
дописывать — дописать	*что?*	до конца	*дописать письмо*
подписывать — подписать	*что?*	поставить свою подпись	*Декан подписал заявление.*
надписывать — надписать	*что?*	написать пожелания	*надписать книгу, открытку*
списывать — списать	*что?* *что? у кого?*	1) = переписывать 2) переписать то, что написал другой человек	*Он списал у соседа контрольную работу.*

2. Прочитайте текст. Обратите внимание на значение и употребление выделенных глаголов.

Журналисту позвонили из редакции и предложили: «**Напишите** заметку о десятиклассниках, которым скоро предстоит выбирать профессию». Журналист едет в школу, беседует со школьниками, **записывает** всё, что кажется ему интересным. Дома он садится за стол и **пишет**. Он перечитывает свои записи, вспоминает всё, что видел и слышал, **описывает** школу, школьников, свои беседы с ними. Когда статья **дописана** до конца, автор читает её, и всё ему не нравится. Приходится переделывать, **переписывать**, **перепечатывать** одно и то же несколько раз.

3. Употребите глагол *писать* с нужной приставкой.

1. Пожалуйста, ... мой телефон, а то забудешь его. 2. Где-то я ... твой адрес, но где? 3. У кого в работе много ошибок, тому придётся ... её. 4. Подождите минуточку, я ... последнее предложение из текста. 5. В начале рассказа автор ... зимнее утро. 6. Я не знаю Ивана Ивановича, пожалуйста, ... мне его. 7. Пожалуйста, ... домашнее задание: дома вам надо ... сочинение. 8. — Что ты делаешь? — ... из статьи нужные цитаты. 9. — Вы не знаете, декан ... моё заявление? 10. Я попросил писателя ... мне книгу. 11. Я не могу поставить вам отлично, так как вы ... всю контрольную работу у вашего соседа.

VII. ДОПОЛНИТЕЛЬНЫЙ ТЕКСТ

1. Прочитайте предложения. Объясните значения выделенных словосочетаний.

По вечерам будущие юристы **разыгрывали судебные процессы**. **По зову сердца** Плевако мог уехать из Москвы в маленький город, чтобы защищать в суде бедного человека.
Священник много лет **отпускал грехи** людям.

2. Объясните значение фразеологизмов:

не терять времени даром
жить на широкую ногу

3. Прочитайте текст и ответьте на вопросы.

АДВОКАТ ФЁДОР ПЛЕВАКО
(1842—1908)

Судьба московского адвоката Фёдора Никифоровича Плевако сложилась непросто. Его отец, польский революционер, был сослан в Сибирь. Там он встретил калмычку, которая родила ему сына. Ссыльные поляки стали первыми учителями маленького Феди. После смерти отца семья переехала в

Москву. Матери удалось устроить сына в Коммерческое училище. Мальчик был шумный, непоседливый, да ещё и незаконнорождённый, и матери пришлось взять его из училища. Но Фёдор сам смог подготовиться к поступлению на юридический факультет Московского университета.

На Арбатской площади в Москве тогда стояла лавка, которой владел купец Николай Иванович Пастухов. Он любил писать заметки для газет, в которых рассказывал о последних московских новостях. Чтобы заметки были написаны хорошим русским языком, он просил Фёдора исправлять в них ошибки. Так лавка стала для Фёдора Плевако вторым домом: здесь он ел, занимался, а иногда и ночевал. В этой лавке стали собираться студенты. Здесь будущие юристы готовились к экзаменам и разыгрывали судебные процессы, в которых Плевако всегда выступал в роли защитника. Вскоре лавка закрылась, а купец стал писать рассказы для московских журналов. Плевако пришлось работать учителем в одной богатой семье. Когда семья решила поехать в Германию, Плевако поехал вместе с ними. Времени в Европе он даром не терял: ему посчастливилось слушать лекции самых известных немецких юристов.

После возвращения в Москву Плевако окончил университет и начал работать в Московской судебной палате. Он понимал, что профессия адвоката требует больших знаний, поэтому работал день и ночь. За несколько лет он собрал прекрасную библиотеку с самыми разными книгами: по праву, наукам, искусству, в которых можно было найти ответ на любой вопрос.

Звание адвоката он получил в 1864 году и сразу прославился как защитник бедных людей. Лев Толстой посылал крестьян именно к Плевако: «С жалобами не ко мне, а к нему идите: я ничем вам помочь не могу, в вот Плевако всё может...» Защищая бедных крестьян или рабочих, Ф. Плевако не брал с них ни копейки, а вот принимая богатого купца, он сразу ставил жёсткие условия об оплате своей работы.

Жил Фёдор Плевако на широкую ногу: любил хороших лошадей, красивую одежду, издавал газету «Жизнь», давал большие деньги нищим, больным, сиротам и вдовам. После его смерти газеты писали, что Фёдор Плевако никогда не забывал о бедных и всегда приходил им на помощь. За это люди его любили и ему верили. И Плевако всегда оправдывал их надежды. Часто он отказывался от дел, за которые можно было получить миллионы, и по зову сердца уезжал в какой-нибудь маленький городок, где судили одинокую старушку, которая украла чайник у соседки. И всегда находил слова для защиты таких людей.

Известный московский журналист В. Вересаев заметил, что главная сила Плевако была в интонации его речи. Иногда он был краток и всё равно побеждал. Так, например, когда судили старика священника, который истратил церковные деньги, Плевако встал, поклонился суду и сказал:

— О чём нам спорить? Конечно, он виноват. Но он тридцать лет подряд отпускал ваши грехи. А теперь может надеяться, что вы тоже простите ему один грех. — И суд простил старика.

Фёдор Плевако одним из первых предложил бесплатно защищать бедных людей. Он боролся за честность адвокатов и говорил, что защитник, как и воин, каждый день идёт в бой для того, чтобы победила справедливость. Фёдор Никифорович провёл много дел и имел большой успех не только в суде, но и в литературе как сотрудник и редактор некоторых журналов.

Умер он в декабре 1908 года в возрасте 66 лет. Вся Москва прощалась с ним. Утром газеты написали, что ушёл из жизни человек, у которого сердце болело чужой болью.

(По рассказу Валентина Пикуля)

1. Из какой семьи происходил адвокат Фёдор Плевако?
2. Какой жизненный путь он прошёл?
3. Как вы думаете, почему он защищал бедных людей?
4. Прочитайте текст ещё раз и скажите, какие качества должны быть у человека, который хочет стать адвокатом.

VIII. ДАВАЙТЕ ПОГОВОРИМ

1. Согласитесь или опровергните. Приведите аргументы.

1. Сын должен продолжать дело отца.
2. Династия — это отличная традиция.
3. Уже в молодости надо определить(ся), кем быть.
4. Сегодня высшее образование — это необходимость?

2. Расскажите, какой вы представляете себе работу преподавателя, переводчика, журналиста, редактора, юриста, адвоката, психолога. Какими качествами должен обладать человек, чтобы быть хорошим специалистом?

3. Составьте (напишите) рассказ:

а) о человеке, который с детства знал, кем он будет.

б) о человеке, который долго не мог решить, кем быть.

Урок 3

Речевая тема:
УЧЕНИКИ И УЧИТЕЛЯ

ЛЕКСИКО-ГРАММАТИЧЕСКИЙ МАТЕРИАЛ:

- Глаголы группы *учить—научить, преподавать;*
- Безличные предложения с безлично-предикативными словами
- Глаголы группы *казаться, оказаться, считаться*
- Существительные с предлогом *от*
- Выражение причины
- Глаголы с приставкой *раз- (рас-)*
- Глаголы группы *смотреть—посмотреть*
- Глагол *смотреть* с приставками
- Тексты: «*Учитель рисования*», «*День учителя*», «*Простите нас*»

I. РАБОТА С ТЕКСТОМ

1. Прочитайте и переведите слова и словосочетания.

хвалить / похвалить *кого? за что?*
рвать / порвать (рисунок)
мучиться
совесть
совестливый человек — бессовестный человек

2. Познакомьтесь со словами и словосочетаниями, которые употребляются для рассказа о картине.

рисунок
рисование
писать картину
раскрасить картину
набросать рисунок

3. Познакомьтесь со словами и словосочетаниями, определяющими движения человека. Если вы знаете их значения, покажите наглядно.

кивать / кивнуть головой
обвести глазами комнату
оглядеться по сторонам
опустить глаза
щуриться / сощуриться

4. Познакомьтесь с наречиями, которые характеризуют действия человека. Разберите сложные слова по составу и объясните их. Составьте словосочетания с этими наречиями.

Неповторимо, добросовестно, хладнокровно, отчётливо, неприветливо, сосредоточенно.

5. Прочитайте группы слов и объясните их значения.

творить *что?*	испугать *кого?*
творение	испугаться *чего?*
творец	испуг
творчество	испуганный человек

6. Прочитайте текст и ответьте на вопросы.

УЧИТЕЛЬ РИСОВАНИЯ

Павел хотел стать художником. Он не советовался с родителями и товарищами — ему казалось, что они над ним станут смеяться; говорил о своих планах только учителю рисования Николаю Львовичу. Николай Львович был стар и строг.

— Ну, что ты нарисовал? — спрашивал он, рассматривая чей-нибудь неудачный рисунок. — Что ты этим хотел сказать?

Об искусстве он говорил так:

— Первое орудие художника — его глаза; кисть и карандаш — второе. Учись смотреть. Возьми цветок и внимательно рассмотри его. Запомни каждую линию — она неповторима. Не фотографируй. Натуралисты, фотографы, жалкие копиисты — не художники. Художник — это творец бессмертного.

— Можно ли так говорить с детьми? — удивлялись педагоги.

Николай Львович отвечал:

— Можно. Они понимают.

И действительно, ученики его понимали и гордились тем, что он так разговаривает с ними, и урок рисования был для многих любимым.

* * *

Именно Николаю Львовичу рассказал Павел о своих планах. Старый учитель выслушал его и сказал хладнокровно, как о самой обыкновенной вещи:

— Ну что ж. Кончишь школу — поедешь учиться в Академию художеств.

— Николай Львович, а как вы считаете, я смогу быть художником? — спросил Павел, волнуясь. Николай Львович кивнул и серьёзно ответил:

— Сможешь. Не сомневаюсь.

Покраснев от радости, Павел попросил:

— Дайте мне какое-нибудь задание.

Николай Львович обвёл глазами комнату, посмотрел в окно и спросил:

— Твой отец работает на Кружилихе[1]?

— Да.

— А ты бывал на Кружилихе?

— Сколько раз!

— Вот и нарисуй мне Кружилиху.

Это было лёгкое задание. Павел съездил на Кружилиху, осмотрел её с крыши одного дома и набросал рисунок. Дома он раскрасил рисунок красками, добросовестно нарисовав все трубы завода и дым на фоне вечернего неба. Кончив работу, Павел побежал к Николаю Львовичу.

---

[1] Кружилиха — название района в городе.

— Что ты нарисовал? — строго спросил Николай Львович, глядя на рисунок.

У Павла от страха похолодели уши. Он ответил еле слышно:

— Кружилиху. Вы сказали...

— Я сказал — Кружилиху. А ты нарисовал просто много труб.

— Это и есть трубы Кружилихи.

— Чепуха, — сказал Николай Львович. — А закат для чего? Для красоты?

Он отбросил рисунок.

— На любой фотографии я могу увидеть такую Кружилиху — на закате, при луне, зимой и летом. А ведь ты не фотограф. Ты хочешь стать художником...

Павел взял свой рисунок, который теперь показался ему очень слабым, и ушёл расстроенный и несчастный. Как же ему написать Кружилиху, чтобы Николай Львович похвалил его?

Павел ходил на Кружилиху всю зиму, видел сотни машин и людей, работавших на этих машинах. Он рисовал завод и машины, рисовал и рвал свои рисунки. Всё было похоже, и люди и машины, а Кружилихи не было. Кружилиха не получалась. Павел забывал об уроках, о еде, мучился и злился. Само название «Кружилиха» от постоянного повторения потеряло своё значение и получило какой-то новый смысл. Кружилиха, Кружилиха... Похоже на женское имя.

И вдруг простая мысль осенила его, и стало так светло, как будто в тёмной комнате включили свет. У него задрожали руки, от волнения стало сухо в горле. Как просто, как просто!.. Не слишком ли просто? Но уже всем сердцем, дрожащим от счастья, он знал, что это хорошо, хорошо!

Кружилиха — это была женщина, добрая и сильная. Павел увидел свой рисунок так ясно, словно он уже был готов. Вот она, Кружилиха, не молодая и не старая, с открытым лицом, глаза опущены, сосредоточены на работе. Рука, обнажённая до локтя, на станке. Всё на свете может сделать Кружилиха этими руками. А за ней, в солнечном небе, видны дымящиеся трубы — трубы Кружилихи! Он взял лист бумаги и карандаш и осторожно набросал то, что стояло перед его глазами...

* * *

...Павел пришёл к Николаю Львовичу и молча положил рисунок на стол. Николай Львович спросил:

— Кто это?

— Кружилиха, — ответил Павел.

Николай Львович смотрел на рисунок и молчал. Павлу стало страшно.

«Если он скажет, что плохо, я никогда ничего не смогу нарисовать», — отчётливо подумал Павел. И вдруг услышал странные звуки. Николай Львович отвернулся и вытащил из кармана огромный платок.

— Николай Львович, что вы? Николай Львович..., — прошептал Павел в испуге.

— Не обращай внимания, Чернышёв, — сказал Николай Львович. — Видишь ли, милый, талант — это редкость и чудо, это трогает до слёз...

Потом он сказал про рисунок.

— Не заканчивай его пока. Пусть полежит. Подожди, когда у тебя будут средства для полного выражения твоей мысли. Зачем спешить с тем, что от тебя не уйдёт? Ты будешь большим художником.

(По повести В. Пановой)

1. Кем хотел стать Павел?
2. С кем советовался Павел?
3. Как отнёсся Николай Львович к планам Павла?
4. Что должен был нарисовать Павел?
5. Как выполнил Павел свой первый рисунок?
6. Почему не понравился Николаю Львовичу этот рисунок?
7. Как изобразил Павел Кружилиху на втором рисунке?

7. Ответьте на вопросы, используя слова, стоящие в скобках.

1. Почему Павел никому не рассказывал о своих планах? (родители, товарищи; советоваться, бояться, смеяться)
2. Что говорил учитель рисования об искусстве? (орудие художника; учиться смотреть; не фотографировать)
3. Как Павел выполнил задание учителя? (съездить, зарисовать, осмотреть, раскрасить)
4. Что сказал учитель о первом рисунке Павла? (фотография, много труб, для красоты)
5. Как работал Павел над вторым рисунком? (ходить, бывать, видеть, рисовать, не получаться, злиться, рвать; завод, цеха, машины, люди)
6. Какой увидел Павел Кружилиху? (женщина, немолодая, добрая, открытое лицо, сильные руки)

8. Замените выделенные слова и словосочетания близкими по смыслу, взяв их из текста.

1. «Что ты нарисовал?» — говорил учитель, глядя на чей-нибудь **плохой** рисунок. 2. **Художник** — это создатель бессмертного произведения. 3. «Можно ли так **разговаривать** с детьми?» — с удивлением спрашивали учителя. 4. Николай Львович ответил **спокойно**. 5. Ты сможешь быть художником, я **уверен**. 6. Павел рисовал и **уничтожал** свои рисунки. 7. Павел **перенёс** на бумагу трубы завода. 8. Он осторожно, лёгкими штрихами, **нарисовал** то, что стояло перед его глазами. 9. Николай Львович отвернулся и **достал** из кармана большой носовой платок.

9. Измените тексты так, чтобы речь шла о повторяющихся действиях.

1. Павел съездил на Кружилиху, осмотрел её и зарисовал. Дома он раскрасил рисунок красками и побежал к Николаю Львовичу. «Что ты нарисовал?» — спросил учитель. Павлу стало страшно. Он ответил еле слышно: «Кружилиху...»

2. О своих планах ученики рассказали Николаю Львовичу. Старый учитель выслушал их и сказал: «Ну что ж, хорошо». «А мы сможем быть художниками?» — спросили они. «Посмотрим», — ответил учитель.

10. Прочитайте предложения. Скажите, какие обстоятельственные слова указывают на длительность действия, какие — на повторяемость действия.

1. Всё чаще и чаще Павел думал о своём будущем. 2. Иногда ему казалось, что он не сможет быть художником. 3. Павел терпеливо ждал, что скажет учитель о его рисунке. 4. В классе было тихо, все рисовали. 5. Я заглянул в класс, учитель и ученики внимательно рассматривали чей-то рисунок. 6. На занятиях мы всегда подробно анализировали лучшие работы. 7. Во время экскурсии все с интересом слушали рассказ экскурсовода о творчестве Репина.

11. Употребите глагол нужного вида.

Павел никому не говорил о своих планах. Он (решал — решил) посоветоваться с учителем рисования. Однажды он (спрашивал — спросил) Николая Львовича, сможет ли он стать художником.

Николай Львович (выслушивал — выслушал) ученика и серьёзно (отвечал — ответил): «Сможешь». Учитель (давал — дал) ему задание нарисовать завод, на котором работал отец Павла. Павел быстро (делал — сделал) рисунок и (отправлялся — отправился) к учителю.

12. Объясните, почему Павел делился своими мыслями только с учителем рисования. Используйте слова и словосочетания.

строгий на вид, требовательный; разговаривать, как со взрослыми (резко, грубовато); понимать и любить детей; не только учить; воспитывать вкус, умение смотреть и видеть, доверять, любить, гордиться.

13. Расскажите о задании (сочинении, переводе, рассказе, стихах), которое у вас долго не получалось.

II. ЛЕКСИКО-ГРАММАТИЧЕСКИЕ УПРАЖНЕНИЯ ПО ТЕМЕ

учить _кого?_ + инфинитив
научить + _чему?_ ⎫
⎬ передавать практические знания, опыт

учить музыке, учить читать, учить детей петь (пению)

преподавать _что? где?_ — работать в качестве преподавателя
преподавать химию, преподавать в институте

---

1. В предложениях вместо точек вставьте глаголы: **учить — научить**, **учиться**, **преподавать**, **изучать**.

1. В нашем университете ... известные академики и профессора. 2. Когда мне было три года, мой отец ... меня говорить по-английски. 3. В Германии Дмитрий Менделеев ... в Гейдельбергском университете. Он много работал, глубоко ... химию и физику. 4. Мой сын — учитель, он ... географию в школе. 5. Солистка Большого театра Елена Образцова ... молодых певцов правильно петь. 6. Студенты филологического факультета ... не только русский язык, но и литературу, лингвистику и методику преподавания языка. 7. У разных людей разные способности, значит, и ... их надо по-разному.

2. а) Объясните, как вы понимаете словосочетания:

учить добру, учить терпению, учить мужеству.

б) Составьте предложения с этими словосочетаниями.

3. Познакомьтесь с прилагательными, которые характеризуют хорошего ученика или студента.

Аккуратный, внимательный, усидчивый, собранный, способный, прилежный.

У кого? (есть) **способности** *к чему?*	
У него способности	*к математике.* *к иностранным языкам.*
Кому? как? **даётся** *что?*	
Ему плохо (хорошо)	*даётся математика.* *даются иностранные языки.*

4. Прочитайте микродиалоги.

I

— Антон Иванович! Что вы можете сказать о моём сыне?
— У него большие **способности к рисованию**.
— К рисованию? Да что вы? Я думал, что у него нет никаких талантов.
— Нет. Коля очень способный мальчик. Нам надо помочь ему развить способности.

II

— Нина Ивановна, как моя дочь?
— Я недовольна вашей дочерью. Ей хорошо **даётся английский язык**, но она не очень усидчивая. Ей нужно много заниматься. Тогда будет хороший результат.
— Спасибо, что вы предупредили меня. Я серьёзно поговорю с ней дома.

5. а) Как вы думаете, какого ученика называют:

гордость школы, любимчик (любимица), растеряха, болтушка, фантазёр (фантазёрка).

б) Обратите внимание на существительные общего рода. Скажите, какие ещё существительные общего рода вы знаете?

III. ДИАЛОГИ

1. Прочитайте диалоги. Обратите внимание на выделенные конструкции. Объясните их значение при помощи толкования.

I

— Анна Петровна, что вы скажете о моём сыне? Как он ведёт себя? Как учится?

— Я очень довольна вашим сыном. Он стал очень дисциплинированным. К учёбе относится ответственно. **Ему пошла на пользу практика** в Англии. Он заинтересовался английской литературой.

— Слава богу! Я так вам благодарна. Я совершенно не узнаю своего сына. **Он стал совсем другим.**

II

— Михаил Петрович? **Как ваш сын?** В каком он классе?

— Спасибо, хорошо. Он окончил педагогический институт и работает в школе.

— Как летит время! А я думал, он ещё в школе.

— Нет, он преподаёт в спецшколе французский язык и **лингвострановедение.** Ему нравится заниматься с детьми. Наконец он **нашёл себя.** Наверное, **это его призвание.** Я очень им доволен.

— Надо же! А в школе он был такой неусидчивый. Трудно было предположить, что он станет учителем. Я очень рад за вашего сына.

III

— Ну что же, Лёня. Я внимательно прочитал всю тетрадь.

— Всё плохо?

— Нет, совсем нет. Но и не отлично. В твоих стихах много чувства. Но для поэзии этого мало. Надо знать жизнь. Надо уметь смотреть, наблюдать, мыслить, делать выводы.

— Мне стыдно. Я, наверное, не смогу стать поэтом...

— Сможешь. Не сомневаюсь. Только запомни: писать рифмой — это ещё не поэзия. Конечно, форма должна быть прекрасной. Но главное в поэзии, как в искусстве вообще, — содержание. А точнее — единство, такое единство, когда трудно сказать, что в произведении форма, а что содержание... Ты понимаешь меня?

— Понимаю, спасибо, Антон Иванович. Но что же мне теперь делать?

— Учиться, Лёня! Учиться. Чтобы быть поэтом, художником, надо много знать.

— И ничего не писать?

— Почему? Писать, конечно, писать.

2. Передайте содержание диалогов в косвенной речи.

IV. О ЧЁМ ПИШУТ ГАЗЕТЫ

1. Прочитайте статью из газеты «Комсомольская правда» и ответьте на вопросы.

Сегодня в России День учителя. Этот праздник отмечается ежегодно в первую субботу октября. В нашей стране это праздник для полутора миллионов школьных учителей. Большинство учеников поздравили преподавателей ещё накануне, в пятницу.

Сегодня имена лучших учителей России назовут в Кремле, там будут объявлены победители конкурса «Учитель года». Семьдесят семь финалистов региональных конкурсов примут участие в торжественной церемонии закрытия конкурса. Организаторы конкурса в Кремле приготовили учителям сюрприз — с орбиты их поздравят космонавты. Экипаж Международной космической станции заранее записал послание лучшим российским учителям и отправил его на Землю во время очередного сеанса связи.

По данным Агентства ИТАР-ТАСС в российских школах по-прежнему трудятся в основном женщины — около 85 процентов от общего числа учителей. Почти 12 процентов из них уже на пенсии. В целом страна обеспечена школьными преподавателями, особенно в городах. В то же время по-прежнему не хватает учителей иностранных языков, информатики, физкультуры. Причина — невысокая заработная плата. Преподаватели этих предметов уходят из обычных школ и переходят на работу в негосударственные школы, где зарплата выше, с углублённым изучением ряда предметов. Таких школ в настоящее время в России около 15 процентов.

1. Какой праздник существует в России?
2. Есть ли в вашей стране такой праздник?
3. Какой конкурс проходит по всей России каждый год?
4. Расскажите, кто работает сейчас в российских школах.
5. Расскажите о положении учителей и преподавателей в вашей стране.

2. Это заголовки из газеты. Как вы думаете, о чём может идти речь в статьях с такими заголовками?

УЧИТЬ – ЗНАЧИТ ПОМОГАТЬ

— Наш труд и его оценка —
СТРОГАЯ ШКОЛА

ВЕК УЧИСЬ!

V. ПОВТОРЯЕМ ЛЕКСИКУ И ГРАММАТИКУ

И.п. + Кто? Что?	казаться оказаться считаться	+ Т.п.	кем? чем? каким?

Он кажется спокойным человеком.	У него вид спокойного человека.
Он оказался умным человеком.	Все думали, что он недалёкий человек, а после знакомства с ним поняли, что он умный.
Он считается хорошим специалистом.	Все говорят о нём, как о хорошем специалисте.

1. Закончите предложения, употребив слова, стоящие в скобках.

1. На первый взгляд Николай Львович казался (человек суровый и неприветливый). 2. Наш новый учитель показался нам (слишком мягкий и нерешительный). 3. Задание показалось Павлу (лёгкое, простое). 4. Рисунок показался самому Павлу (слабый, неудачный, бездарный). 5. Мы ошиблись: новый учитель оказался (человек требовательный и строгий). 6. Наши соседи оказались (люди немолодые, серьёзные, спокойные). 7. Мой отец считался (большой специалист в своей области). 8. Антон Иванович считается (лучший хирург клиники). 9. Мы с Надей считались (жених и невеста).

2. Дополните предложения, используя глагол **казаться – показаться**

1. Лицо вошедшего ... мне знакомым.
2. Глаза этого художника ... грустными.
3. Голос ... слишком резким.
4. ... очень красивой.
5. Его взгляд ...
6. Выражение её лица ...
7. Её улыбка ...

> Петров кажется мне опытным педагогом.
> Мне кажется, что Петров — опытный педагог.

3. Замените предложения синонимичными.

1. Илья казался мне способным студентом.
2. Иван Иванович показался нам человеком талантливым и интересным.
3. Аня Смирнова оказалась моей однокурсницей.
4. Мы с Джоном оказались соседями.
5. Фильм оказался интересным.

4. Ответьте на вопросы, используя глаголы **казаться** и **оказаться**.

О б р а з е ц: — Ты знаешь Иванова?
— Да, оказалось, что мы однокурсники.
— Да, мы оказались однокурсниками.

1. По-твоему, Сергей — хороший товарищ? 2. Он — интересный человек? 3. Нина — умная девушка? 4. Эта книга скучная? 5. Эта картина талантливая? 6. Ты не жалеешь, что пошёл на этот фильм? 7. Вы давно знаете Смирнова? 8. Почему ты ушёл с концерта?

5. а) Сравните предложения и объясните разницу в их смысле.

1. Все *считают* Сергея первым студентом на курсе.	Сергей *считает себя* первым студентом на курсе.
2. Сергей *считается* первым студентом на курсе.	

б) Составьте предложения с глаголами **считать, считаться, считать себя**. Используйте словосочетания.

опытный врач, талантливый журналист, умнейший человек, хороший организатор, принципиальный человек, первая красавица, строгий учитель.

> Павлу стало (становилось) страшно.

6 . Дополните предложения, используя глагол **становиться – стать** и данные наречия. Помните о времени и виде глагола.

1..., когда я понял, что сказал глупость.	легко
2..., когда прочитала это невесёлое письмо.	смешно
3..., когда он услышал несправедливую критику.	весело
4..., когда я вижу чужое горе.	стыдно
5..., когда он сдал экзамены.	обидно
6..., когда мы смотрим свои детские фотографии.	грустно
7..., когда спор превращается в ссору.	больно
8..., когда я чувствую, что говорю неправду.	неловко
9..., когда чувствуешь помощь друзей.	(не) приятно

> Павел побледнел **от волнения**.

(ЗАПОМНИТЕ!) Сочетания с предлогом **от** обозначают внешнюю или внутреннюю причину изменения лица или предмета, причину перехода из одного состояния в другое.

7. Прочитайте словосочетания и составьте с ними предложения.

1. Покраснеть от радости, от стыда, от смущения
2. Побледнеть от страха, от обиды
3. Заплакать от боли, от волнения
4. Задрожать от испуга, от гнева
5. Заболеть от простуды, от горя
6. Умереть от болезни, от старости
7. Устать от работы, от спора
8. Почернеть от злости, от ненависти

8. Составьте словосочетания по образцу.

а) *О б р а з е ц: краснеть — стыд*
краснеть от стыда

бледнеть — боль	чернеть — злость
седеть — несчастье	худеть — болезнь
плакать — слабость	кричать — страх
дрожать — ненависть	хорошеть — счастье

б) *О б р а з е ц:* *влажный — дождь*
влажный от дождя

слабый — болезнь   белый — снег
мокрый — слёзы   слабый — голод
бледный — страх   грустный — мысли
усталый — работа   гордый — успех
красный — мороз

9. Ответьте на вопросы, используя слова, стоящие в скобках.

О б р а з е ц: — *Отчего (почему) она так побледнела? (усталость, испуг)*
   — *Может, от усталости, а может быть, от испуга.*

1. Отчего она плачет? (обида, радость)
2. Отчего он заболел? (простуда, переутомление)
3. Отчего он умер? (болезнь сердца, старые раны)
4. Почему заплакал ребёнок? (боль, страх)
5. Почему он покраснел? (волнение, радость)

10. Ответьте на вопросы, используя в ответах сочетания с предлогом **от**.

1. Почему у неё такое бледное лицо?
2. Почему у вас такой усталый вид?
3. Почему у неё такие грустные глаза?
4. Почему у него такой счастливый вид?
5. Почему у него такой растерянный вид?
(испуг, смущение, тоска по дому, радость, страх, переутомление, похвала)

11. Замените сложные предложения простыми.

О б р а з е ц: *Я не мог произнести ни одного слова, оттого что волновался.*
   Я не мог произнести ни одного слова от волнения.

1. Ребёнок заплакал, оттого что испугался. 2. Павел покраснел, оттого что Николай Львович похвалил его. 3. Я плохо понимаю вас, потому что очень устала. 4. Лица у всех красные, потому что на улице морозно. 5. Она рано поседела, оттого что у неё была тяжёлая жизнь. 6. Глаза Наташи блестели, потому что на душе у неё было радостно. 7. Мне захотелось плакать, оттого что меня обидели. 8. Наши лица потемнели, потому что целый день мы работали на солнце.

12. а) Образуйте форму повелительного наклонения от глаголов: **написать, посмотреть, купить, сделать, повторить, рассказать, положить**.

Помните, что повелительное наклонение образуется от основы глагола 3-го лица настоящего времени.

-Й	-И	-Ь
чита-й (те)	скаж-и (те)	готов-ь (те)
име-й (те)	смотр-и (те)	сяд-ь (те)
рису-й (те)	прид-и (те)	брос-ь (те)

б) Скажите, от каких глаголов образован императив:

мойте руки, открой окно, достаньте учебник, возьмите словарь, не забудьте номер телефона, позовите Бориса.

в) Замените выделенные словосочетания глаголами в повелительном наклонении.

О б р а з е ц: Я прошу нарисовать Кружилиху.
Нарисуй(те) Кружилиху.

1. **Прошу закрыть** окно. 2. **Прошу понять** меня. 3. **Прошу забыть** об этом. 4. **Прошу позвать** к телефону Нину. 5. **Надо приготовить** бумагу и карандаш. 6. **Надо учиться** видеть детали. 7. **Надо взять** кисть и карандаши. 8. **Прошу достать** бумагу и краски. 9. **Надо рассмотреть** все детали предмета.

О б р а з е ц: Не надо обращать на меня внимания.
Не обращай (те) н\а меня внимания.

1. **Не надо заканчивать** рисунок. 2. **Не надо спешить**. 3. **Не надо бояться** экзамена. 4. **Не надо волноваться**. 5. **Не надо смеяться**. 6. **Не надо фотографировать**. 7. **Не надо браться** за эту работу.

13. Закончите предложения (со значением времени или условия).
О б р а з е ц: напишешь картину —
Когда напишешь картину, покажи её мне.
Напишешь картину — покажи её мне.

1. кончишь школу —
2. кончишь университет —
3. придёшь домой —
4. будешь отличником —
5. закончишь рисунок —
6. будешь писать родителям —
7. научишься видеть —
8. будешь внимательно смотреть —
9. захочешь поговорить —
10. захочешь посоветоваться —

14. Замените прямую речь косвенной.

О б р а з е ц: *Павел попросил учителя: «Дайте мне работу».*
Павел попросил учителя, чтобы тот (учитель) дал ему работу.

1. Отец посоветовал сыну: «Покажи свои работы старому учителю». 2. Учитель сказал ученику: «Не копируй жизнь». 3. Ученик попросил учителя: «Посмотрите, пожалуйста, мои рисунки». 4. Младший брат попросил старшего: «Помоги мне написать статью для стенгазеты». 5. Старший брат сказал младшему: «Не мешай мне заниматься». 6. Начинающий писатель попросил Горького: «Прочитайте, пожалуйста, мой рассказ». 7. Горький написал молодому писателю: «Приезжайте ко мне для беседы».

15. Передайте содержание диалога, заменив прямую речь косвенной.

— Николай Львович, я смогу быть художником? — спросил Павел.

— Не сомневаюсь. Сможешь, — ответил старый учитель.

Помолчав, Павел попросил:

— Задайте мне какую-нибудь работу.

— Ты был на Кружилихе? — спросил Николай Львович.

— Был. Много раз.

— Тогда нарисуй Кружилиху, — подумав, сказал учитель.

ЗАПОМНИТЕ! Основные значения приставки **раз- (рас-)**.

разбить **раз**резать **рас**колоть	деление на части
разложить **рас**стелить **рас**ставить	распространение во все стороны
разглядеть **рас**спросить **рас**толковать	тщательное действие
разойтись **раз**ъехаться **раз**лететься	движение в разные стороны из одного пункта

16. Скажите, какое значение придаёт приставка **раз- (рас-)** глаголам: расстелить скатерть, разъехаться по разным городам, расколоть на мелкие кусочки, расслышать каждое слово, раздать всем поровну, разделить пополам, расспросить о новостях, разбросать по комнате вещи, развязать узел.

17. Закончите предложения, употребив глаголы с приставкой **раз-**: раздать, разделить, разрезать, расставить, расколоть, разлететься, разъехаться, развозить.

1. Ребёнку трудно есть такое большое яблоко, надо...
2. На нашу группу дали билеты в театр,...
3. К мебельному магазину подъехала машина, которая...
4. Прохожий распугал голубей, сидевших на тротуаре, и голуби...
5. Эти орехи очень твёрдые, надо...
6. Когда мы окончим университет,...
7. Мы получили новые книги для выставки, надо...

VI. ГЛАГОЛЫ ГРУППЫ «СМОТРЕТЬ — ПОСМОТРЕТЬ»

1. Прочитайте глаголы и сочетающиеся с ними существительные. Постарайтесь понять различия в значении глаголов.

Глагол	Вопрос	Значение	Пример
осматривать — осмотреть	*что?*	со всех сторон	*осмотреть город; осмотреть больного*
просматривать — просмотреть	*что?*	быстро, бегло	*просмотреть текст, газету, бумаги*
рассматривать — рассмотреть	*что?*	внимательно	*рассмотреть картину*
подсматривать — подсмотреть	*за кем?*	тайно наблюдать	*подсматривать за соседями*
пересматривать — пересмотреть	*что?*	изменить мнение	*пересмотреть свои взгляды, точку зрения, мнение*
засматриваться — засмотреться	*на кого? на что?*	больше, чем нужно	*засмотреться на витрину магазина*
присматриваться — присмотреться	*к кому?*	внимательно следить за кем-то	*Соседи долго присматривались к новому жильцу.*

2. Прочитайте предложения. Запомните значения и употребление глагола **смотреть** с приставками.

1. — **Посмотри**, какую я марку достал.

— Марка как марка, ничего особенного...

— Да ты **рассмотри** её как следует.

— А что в ней рассматривать?

— Видишь штамп? **Посмотри**, какой год. Это же одна из самых старых марок.

2. Вечером мы с дочкой стояли на остановке и ждали автобуса. Я заметил, что она **смотрит** на дерево и как будто что-то **рассматривает**. Что она увидела там? Гнездо? Птицу? Я тоже стал **смотреть** в ту сторону, но ничего интересного так и не увидел. Я так **засмотрелся**, что не заметил, как подошёл автобус.

3. Употребите глагол **смотреть** с нужной приставкой.

1. Павел съездил на завод и ... его с крыши одного дома. 2. Учитель посоветовал взять цветок и внимательно ... его. 3. «Мама, ... в окно! — закричал мальчик. — Сколько снега!» Он ... на первый снег и не слышал, как его позвали завтракать. 4. Гости ... школу, кабинеты, выставку картин юных художников. 5. Учитель ... рисунок долго и молча. 6. На экскурсии я отстал от группы, потому что ... на картину Крамского «Неизвестная». 7. Утром отец ... газеты, читал новости. 8. Декан ... бумаги и подписал их.

VII. ДОПОЛНИТЕЛЬНЫЙ ТЕКСТ

1. Прочитайте текст и ответьте на вопросы.

ПРОСТИТЕ НАС

Павел Георгиевич Сафонов работал на большом заводе конструктором. Он был известен, привык к этой известности и, казалось, даже устал от неё. В этом году Сафонов был в санатории на юге. Ему не нравился солнечный юг с его жарой. Он постоянно думал о своей работе, и ему захотелось уехать в Москву.

Южный экспресс, на котором Сафонов возвращался в Москву, ехал по знакомым местам, где Павел Георгиевич родился, вырос, и где он не был 40 лет. И вдруг ему захотелось побывать в родном городке, погулять по нему, почитать старые названия улиц, узнать, как он изменился, и обязательно встретить старых знакомых. Захотелось посидеть с другом юности Витькой Снегирёвым, вспомнить то, что уже никогда не повторится.

Павел Георгиевич взял чемодан и плащ и сошёл с поезда. Весь день он ходил по городу. Он его не узнавал. Четыре раза проходил Сафонов по той улице, где родился и где прежде стоял его дом. Теперь на месте дома был молодой, свежий парк. Сафонов сел на скамью, долго оглядывался. Ничего не осталось от прежней жизни, от его детства. Где сейчас Витька Снегирёв? Где Вера? Витька — первая мальчишеская дружба. Вера — первая любовь, которую он помнил. И он пошёл на Садовую. Там, на этой улице, жил Витька, а на углу, возле аптеки, в маленьком доме жила Вера. Он хотел что-нибудь узнать о них.

Улица почти не изменилась... Вот он, домик Витьки Снегирёва! Дом № 5. Павел Георгиевич улыбнулся. Его встретила пожилая женщина. «Нет, Снегирёвы здесь не живут». Не узнал Сафонов ничего и о Вере.

Сафонов пошёл в школу, где учился когда-то. Он сел под большое дерево, возле которого когда-то играли на переменах. Вдруг он увидел справа свет в окне. И Сафонов всё вспомнил... Здесь жила Мария Петровна, его учительница математики. Как же он сразу о ней не подумал? Когда-то он был её любимцем. Сколько лет они не виделись? Здесь ли она теперь? Жива ли? Мария Петровна! Как много было связано с этим именем! «Мария Петровна сказала... Мария Петровна поставила «плохо». Дверь была открыта, но он постучал.

— Кто там? — услышал он женский голос. Павел вошёл и увидел невысокую худенькую женщину и сразу узнал её...

— Мария Петровна, — тихо сказал Сафонов. — Вы меня не узнаёте?

Она несколько секунд смотрела на него...

— Паша Сафонов... Паша? — сказала она, и Сафонову показалось, что лицо его задрожало. — Проходи, садись, пожалуйста, вот сюда, к столу.

Он повесил плащ, положил шляпу. Он не знал, не понимал, почему он, взрослый знаменитый человек, краснел от смущения, как школьник, как в те годы. Он хотел пожать руку Марии Петровне, но не пожал, как не жмут при встрече руку матери. Они сели за стол. Мария Петровна с улыбкой, не веря своим глазам, повторяла:

— Ну вот, Паша, ты приехал ... не узнать. Ты по делам?

— Нет, я проездом.

— Мы сейчас с тобой чай... Подожди, мы сейчас чай... Она встала, но вдруг опять села, улыбнулась. — Да, Паша... Совсем не ждала...

— Мария Петровна, чай не надо. Я только что поужинал.

Чай пить ему не хотелось, ничего не хотелось. Он хотел только говорить, спрашивать, но Мария Петровна взяла чайник и вышла. Она жила в той же маленькой комнате с одним окном в сад. Белые занавески, стол, кровать, коврик на стене, огромный шкаф с книгами. На столе тетради и красный карандаш.

Вошла Мария Петровна с чайником, весело сказала:

— Всё готово! Ну, Паша, рассказывай о себе, что ты, как ты? Я многое о тебе знаю. Из газет. Книгу твою читала. Ты женился?

— Да, Мария Петровна.

— Счастлив?

— Как будто, Мария Петровна. У меня сын.

— Ну хорошо! А как работа? Над чем работаешь?

— Над новой конструкцией самолёта. Знаете что, Мария Петровна, давайте говорить о прошлом, о школе.

Мария Петровна сказала задумчиво:

— Я хорошо помню ваш класс. Довоенный класс. Это были озорные, способные мальчишки. И хорошо помню твою дружбу с Витей Снегирёвым.

— А помните, Мария Петровна, как вы мне ставили «плохо» по алгебре?

— Да. За то, что ты не делал домашних заданий. Надеялся, что повезёт. Математика тебе давалась, но ты был ленив. А ты помнишь Мишу Шехтера?

— Ну конечно. Я помню, как вы зачитывали его сочинения, а я безумно завидовал ему!

— Он стал журналистом, — сказала Мария Петровна. — Ездит по всей стране, за границу. Читаю его статьи и часто вспоминаю.

— Он заезжал к вам?

— Нет.

— Да, — сказал Сафонов. — Разлетелись... Я слышал, что Витька Снегирёв стал директором завода. А Сенька Иноземцев — начальник большой стройки. Я его встречал в Москве, такой важный стал. Что, и он не приезжал? Он был у вас? Нет?

— Что? — спросила Мария Петровна и тихо сказала: — Ты пей чай, Паша...

— Мария Петровна, а кто заходил к вам из нашего класса? Гришу Самойлова видели? Он стал артистом. Помните, вы сказали ему, что у него способности.

— Я его видела только в кино, Паша.

— Неужели не приезжал?

Мария Петровна не ответила.

— А Борис, Нина?

— Что? Нет. Ты пей чай.

— Мария Петровна! Кто-нибудь пишет вам?

— Ко мне часто заходит Коля Сибирцев. Он работает в научном институте лаборантом. Он часто заходит. У него неудачно сложилась жизнь.

Они замолчали. Сафонов посмотрел на шкаф и увидел свою книгу по самолётостроению.

— У вас моя книжка?

— Да, я её читала.

Он встал, достал из шкафа свою книгу.

— Мария Петровна, я надпишу её вам. Разрешите?..

Неожиданно из книги выпал маленький листок, он поднял его и увидел свой портрет, вырезанный из газеты.

— Неплохая книга... Я прочитала её с удовольствием. А это из газеты «Правда». Когда я увидела, я дала тебе телеграмму.

Сафонов покраснел от стыда. Он ненавидел себя. Он вспомнил, что действительно два года назад получил телеграмму и не ответил на неё.

Всю дорогу до Москвы Сафонов не мог успокоиться. Ему было очень стыдно. Он думал обо всех, с кем учился когда-то. Он хотел достать их адреса и написать им гневные письма. На большой станции Сафонов вышел из вагона, зашёл на почту и дал телеграмму на адрес школы на имя Марии Петровны. В телеграмме было только два слова: «Простите нас».

(По рассказу Ю. Бондарева)

1. Как Павел Сафонов оказался на юге?
2. Почему Сафонов решил выйти из поезда в маленьком городе?
3. Нашёл ли он своих друзей?
4. С кем он встретился в школе?
5. Что он узнал о своих товарищах от учительницы?
6. Знала ли учительница о его жизни?
7. Какие чувства испытывал Сафонов и почему?
8. Что он сделал, когда ушёл от учительницы?

2. Расскажите текст от имени Сафонова и от имени учительницы Марии Петровны. Не забудьте передать диалоги в косвенной речи.

3. а) Прочитайте стихотворение Андрея Дементьева.

НЕ СМЕЙТЕ ЗАБЫВАТЬ УЧИТЕЛЕЙ!

Не смейте забывать учителей!
Они о нас тревожатся и помнят.
И в тишине задумавшихся комнат
Ждут наших возвращений и вестей. ·

А мы порой так равнодушны к ним:
Под Новый год не шлём им поздравлений.
А в суете иль попросту из лени
Не пишем, не заходим, не звоним.

Они нас ждут. Они следят за нами.
И радуются всякий раз за тех,
Кто снова где-то **выдержал экзамен**
На мужество, на смелость, на успех.

Не смейте забывать учителей!
Пусть будет жизнь достойна их усилий.
Учителями славится Россия.
Ученики приносят славу ей.

Не смейте забывать учителей!

б) Объясните значение выделенных предложений при помощи синонимов.

в) Скажите, как тема стихотворения связана с текстом.

VIII. ДАВАЙТЕ ПОГОВОРИМ

1. Согласитесь или опровергните. Приведите аргументы.

1. Учителем может быть каждый.
2. Чтобы быть учителем, нужен талант.
3. Главное для учителя — доброта и любовь к детям.
4. Мы всю жизнь помним своих учителей.
5. У каждого человека есть Учитель!

2. Составьте (напишите) рассказ.

а) Мой любимый учитель.
б) Каким должен быть настоящий учитель.
в) Самый известный учитель вашей страны.

Урок 4

Речевая тема:
ПОРТРЕТ,
ОПИСАНИЕ ЧЕЛОВЕКА

ЛЕКСИКО-ГРАММАТИЧЕСКИЙ
МАТЕРИАЛ:

- Возвратные глаголы
- Глаголы с приставкой *про-*
- Глаголы группы *помнить*
- Глагол *помнить* с приставками
- Глаголы с корнем *-лож-* с приставками
- Тексты: *«Портрет Белинского»*, *«Как выглядел Пушкин»*, *«Портрет Льва Николаевича Толстого»*

I. РАБОТА С ТЕКСТОМ

1. Прочитайте и переведите слова и словосочетания. Составьте с ними предложения.

дать
написать ⎱ портрет
описать ⎰

описывать / описать внешность *кого?*
соответствовать *чему?* действительности, реальности

иметь ⎱ представление *о ком? о чём?*
дать ⎰

2. Познакомьтесь с новыми словами и словосочетаниями. Объяснения и синонимы помогут вам понять их значения.

благоволить *к кому?* (устаревшее) = хорошо относиться *к кому?*

наружность (ж.р.) = внешность

приукрашивать / приукрасить *кого? что?* = сделать более красивым

расхаживать по комнате = ходить по комнате туда и обратно

смеяться от души = смеяться громко и весело

походка = манера идти

самолюбивый человек = очень гордый человек

3. Прочитайте текст и ответьте на вопросы.

ПОРТРЕТ БЕЛИНСКОГО

Виссарион Григорьевич Белинский (1811—1848) — великий русский литературный критик, публицист, философ. В своих статьях дал анализ творчества А.С. Пушкина, М.Ю. Лермонтова, Н.В. Гоголя, И.С. Тургенева и других русских писателей и поэтов, заложил научные основы истории русской литературы.

Писатель Иван Сергеевич Тургенев в своих воспоминаниях дал портрет Виссариона Григорьевича Белинского. Он писал: «Личное моё знакомство с В.Г. Белинским началось в Петербурге, летом 1843 года, но имя его мне было известно гораздо раньше. Я полюбил его искренне и глубоко, он тоже благоволил ко мне.

Опишу его наружность. Известный и, кажется, его единственный портрет даст о нём неверное представление. Художник решил приукрасить природу и потому придал всей голове какое-то повелительное выражение, какой-то военный, чуть не генеральский поворот, неестественную позу, что вовсе не соответствовало действительности и нисколько не согласовывалось с характером и привычками Белинского.

Это был человек среднего роста, на первый взгляд довольно некрасивый, худощавый. ...Лицо он имел небольшое, бледное, нос неправильный, маленькие частые зубы. Густые белокурые волосы падали на белый прекрасный лоб. Я не видел глаз более прелестных, чем у Белинского. Голубые, с золотыми искорками в глубине зрачков; эти глаза, обычно полузакрытые ресницами, расширялись, сверкали в минуты воодушевления; в минуты весёлости взгляд их принимал выражение приветливой доброты и беспечного счастья.

Голос у Белинского был слабый, немного хриплый, но приятный. Смеялся он от души, как ребёнок. Он любил расхаживать по комнате, постукивая пальцами красивых рук по табакерке с русским табаком. Кто видел его только на улице, когда в тёплой шапке и старой шубе он торопливой и неровной походкой шёл вдоль стен, — тот не мог составить себе верного представления о нём. Среди чужих людей, на улице, Белинский легко робел и терялся...

Белинский вышел из семьи священника... Его выговор, манеры, телодвижения живо напоминали его происхождение. Вся его натура была чисто русская, московская... Белинский был, что у нас редко встретишь, действительно страстный и искренний человек. Исключительно преданный правде, раздражительный, но не самолюбивый, умевший любить и ненавидеть бескорыстно».

(Из «Литературных и житейских воспоминаний»
И.С. Тургенева)

1. Кто оставил нам описание внешности В.Г. Белинского?
2. Какого роста был Белинский?
3. Какое было у него лицо?
4. Как менялись глаза Белинского во время разговора?
5. Какой у него был голос?
6. Какая была походка?

4. Посмотрите на портрет Белинского и скажите, прав ли был Тургенев в оценке портрета.

5. Прочитайте конструкции и сравните предложения.

дать представление	
составить (получить)	*о ком? о чём?*

Портрет **даёт** точное **представление** об этом человеке.

Глядя на портрет, мы можем **составить** своё **представление** о человеке.

Ни одна фотография не может **дать представления** о красоте этой актрисы.

Только фотоальбом позволяет нам **получить** полное **представление** о ней.

> придать лицу выражение *какое? чего?*
> лицо приняло какое выражение

Художник **придал лицу** девушки удивлённое **выражение**.
Во время спора его **лицо приняло странное выражение**.

II. ЛЕКСИКО-ГРАММАТИЧЕСКИЕ УПРАЖНЕНИЯ ПО ТЕМЕ

1. а) Познакомьтесь со словами, которые употребляются при описании внешности человека.

	форма	цвет
ЛИЦО	круглое / узкое / длинное	смуглое / загорелое / бледное
ГЛАЗА	большие / маленькие / круглые / узкие	голубые / зелёные / чёрные / карие / серые
ВОЛОСЫ	густые / прямые / курчавые / вьющиеся / длинные / короткие	светлые / русые / рыжие / чёрные / седые / каштановые

ГУБЫ	тонкие / полные
ЛОБ	высокий / узкий
НОС	большой / маленький / прямой / курносый
ЗУБЫ	белые / ровные
РОТ	большой / маленький / красивый

б) Посмотрите в словаре значения слов:

борода, усы, бакенбарды, брови, ресницы, ямочка на щеке, морщины

> *У кого какие* **глаза, волосы**
> *У него (неё) серые глаза, короткие волосы, прямой нос.*

2. Продолжите список прилагательных, которые употребляются при описании внешности человека.

У него	фигура: стройная, полная, спортивная...
	голова: большая, круглая...
	глаза: большие, умные, светлые, хитрые...
	взгляд: весёлый, пристальный...

У неё	лицо: красивое, доброе, милое...
	голос: громкий, резкий, глухой...
	походка: быстрая, лёгкая, вразвалочку...
	движения: спокойные, резкие...

> *Кто с какими* **волосами, глазами**
> *Мужчина с широкими плечами.*

3. Замените конструкции по образцу:

О б р а з е ц: Это девушка с красивой фигурой. У этой девушки красивая фигура.

1. Это юноша		красивым лицом
		прямым носом
		серыми глазами
	с	белыми ровными зубами
		тёмными волосами
2. Это девушка		приятной улыбкой
		маленьким красивым ртом
		длинными ногами

4. Образуйте сложные прилагательные по образцу.

О б р а з е ц: Человек со светлыми волосами — **светловолосый** человек.
Девушка с голубыми глазами — **голубоглазая** девушка.

Юноша с карими глазами, мужчина с тёмными волосами, девочка с зелёными глазами, спортсмен с широкими плечами, модель с длинными ногами.

(**ЗАПОМНИТЕ!**) Старик с седыми волосами — седовласый старик.

Кто какого **роста**
Человек высокого, среднего, низкого, небольшого роста.

(**ЗАПОМНИТЕ!**) статный человек — высокий, стройный человек, хорошего телосложения
коренастый человек — невысокий, широкоплечий человек, крепкого телосложения

Кто **выглядит** *как? каким?*

выглядеть
как? хорошо, плохо, отлично, глупо, молодо, старше своих лет, на свой возраст
каким? здоровым (-ой), больным (-ой), молодым (-ой)

5. Прочитайте предложения. Обратите внимание на употребление глагола *выглядеть*.

1. Моей маме 55 лет, но она **выглядит намного моложе своих лет**. 2. После экзаменационной сессии Павел **выглядит усталым**. 3. Как **хорошо** вы **выглядите**! Сразу видно, что хорошо отдохнули. 4. Вы **выглядите больным**, как вы себя чувствуете?

6. Прочитайте предложения, обратите внимание на употребление конструкций, которые описывают внешность человека. Составьте аналогичные предложения.

1. Девушка была среднего роста, с лицом не очень красивым, но выразительным, с короткими рыжими волосами, зелёными глазами и маленьким ртом.

2. Дед был толстый, с огромными усами и большим красным носом.

3. Передо мной стоял мужчина средних лет с длинным худым лицом.

4. Дверь открыла высокая немолодая женщина с очень красивыми и печальными глазами.

5. У сестры было обыкновенное лицо с небольшими серыми глазами и тонкими губами.

6. Я увидел статного молодого человека с правильными чертами лица.

7. Я обратил внимание на его высокий гладкий лоб, густые чёрные брови и прямой уверенный взгляд.

8. Её глаза показались мне слишком маленькими, а рот — слишком большим.

9. Девочка выглядела старше своих лет. Особенно выделялись её огромные голубые глаза и красивые ровные белые зубы.

7. Опишите, как выглядит симпатичный (несимпатичный) вам человек.

> *Кто **похож** на кого*
> *Он похож на отца. Она похожа на маму.*
> *Мы похожи на дедушку.*

8. Задайте друг другу вопросы и получите ответ.

1. На кого вы похожи?

2. На кого похожи ваши братья и сёстры?

3. Вы с братом (с сестрой) похожи друг на друга?

4. Как вы понимаете фразеологизм «Они похожи как две капли воды».

9. Прочитайте описания, которые дал своим героям Н.В. Гоголь в поэме «Мёртвые души». Объясните значения подчёркнутых словосочетаний.

МАНИЛОВ: Это был человек вовсе не пожилой, имевший глаза сладкие, как сахар, и щуривший их всякий раз, когда смеялся... На взгляд он был **человек видный**: черты лица его не были лишены приятности, но казалось, что в эту приятность переложили сахару. Он был блондин с голубыми глазами, и в первую минуту разговора с ним не можешь не сказать: «Какой приятный и добрый человек!» В следующую минуту ничего не скажешь, а в третью скажешь: **«Чёрт знает что такое!»** — и отойдёшь подальше.

НОЗДРЁВ: Это был человек среднего роста, очень хорошо сложённый, с чёрными густыми волосами и бакенбардами, с полными румяными щеками, с белыми, как снег, зубами. Он был свежим, одно слово **«кровь с молоком»**. Во всём его облике чувствовалось здоровье... В его лице было что-то открытое, прямое. Такие лица быстро запоминаются.

СОБАКЕВИЧ: Он казался похожим на среднего медведя. **Цвет лица имел горячий**, какой бывает медная монета. Известно, что в мире есть много таких лиц, над которыми природа работала недолго и не употребляла специальных инструментов: ударила топором раз — вышел нос, ударила другой — вышли губы. Вот такой крепкий образ был у него. Медведь, совершенный медведь.

III. ДИАЛОГИ

1. Прочитайте диалоги.

I

— Ты знаешь, вчера в автобусе я познакомился с одной девушкой.

— Ну да? Она ничего?

— Симпатичная. У неё светлые вьющиеся волосы, приятная улыбка и ямочка на правой щеке.

— А какие у неё глаза?

— Глаза? По-моему, зелёные.

— Значит, зеленоглазая блондинка. Она высокая?

— Нет, среднего роста.

— А ты спросил, как её зовут?

— Конечно, спросил. У неё прекрасное имя — Анжелика.

II

— Олег, привет. Это Наташа. У меня к тебе большая просьба. Не можешь ли ты мне помочь?

— Конечно. А что надо делать?

— Завтра в 10 часов утра я должна встретить на вокзале своего старшего брата, а я, как назло, заболела. Температура высокая. Ты можешь поехать на вокзал и встретить его?

— А как я его узнаю?

— Ой, это очень просто. Мы похожи как две капли воды. Я опишу его, и ты сразу его узнаешь. Высокий, стройный брюнет, с серыми глазами. Одет в чёрную куртку. В руках у него будет большая спортивная сумка.

— Ладно. Я поеду на вокзал и привезу твоего брата к тебе.

— Спасибо.

2. Составьте диалоги на тему:

а) Помогите вашему другу найти преподавателя, к которому он не ходил на лекции. Опишите его, чтобы друг его узнал.

б) Ваш друг прочитал новый роман. Попросите его описать главного героя этого романа.

в) Один известный киноактёр очень популярен, нравится женщинам, несмотря на то что совсем некрасив. Расспросите у его поклонницы, чем он нравится ей.

IV. О ЧЁМ ПИШУТ ГАЗЕТЫ

1. Прочитайте отрывок из статьи «Образ зачинателя русской поэзии», опубликованной в журнале «Студенческий меридиан». Посмотрите на портрет Пушкина. Объясните, как вы понимаете оценку Пушкиным своего портрета.

КАК ВЫГЛЯДЕЛ ПУШКИН

Как выглядел живой Пушкин? Какие из его портретов наиболее похожи? Каким из них можно верить? Эти вопросы появляются у каждого, кто читает, изучает, любит произведения Пушкина, кто интересуется его личностью.

По описанию современников, А.С. Пушкин был человеком небольшого роста, но довольно сильный, с быстрым наблюдательным взглядом. По словам брата поэта Льва Пушкина, в детстве у него были светлые, курчавые волосы, голубые глаза, насмешливая, но приятная улыбка. Писателю М. Погодину взрослый Пушкин казался смуглым брюнетом с живыми, быстрыми глазами и тихим приятным голосом.

За 200 лет художники нарисовали много портретов А. Пушкина, но самым известным остаётся портрет работы О.А. Кипренского, написанный в 1827 году с натуры. Современники утверждали, что Пушкин на портрете был похож на себя в жизни. Известный литературный критик XIX века Булгарин утверждал: «Это — живой Пушкин». Сам поэт дал портрету О. Кипренского такую оценку: «Себя, как в зеркале, я вижу, но это зеркало мне льстит...»

Несмотря на множество портретов Пушкина и большое количество рассказов о его внешности, образ поэта всегда будет передаваться художниками по-разному. У каждого из них и у каждого из нас есть свой Пушкин.

2. Прочитайте газетные объявления, в которых даны описания людей. Объясните, кто и в каком случае даёт подобные объявления.

Черноглазый брюнет, среднего роста
хочет познакомиться
с голубоглазой блондинкой 18—20 лет,
рост не выше 165 см

Ушёл из дома и не вернулся старик, 75 лет.

**Волосы короткие седые, глаза зелёные,
длинная седая борода, на щеке большая родинка.**

КТО ВИДЕЛ ЭТОГО ЧЕЛОВЕКА,
ПРОШУ ПОЗВОНИТЬ ПО ТЕЛЕФОНУ...

МОДЕЛЬНОЕ АГЕНТСТВО
«ЭЛИТ»

ПРИГЛАШАЕТ ДЕВУШЕК 18–20 ЛЕТ
ДЛЯ УЧАСТИЯ В КОНКУРСЕ.

*Требования: рост не менее 180 см,
блондинки и брюнетки, волосы длинные,
умение правильно двигаться обязательно.*

КИНОСТУДИЯ «СТАРТ»

приглашает для участия в съёмках фильма
мальчиков 10—12 лет славянской внешности
(рост 135—140 см, светлые волосы,
коренастые, спортивные)

Мы ждём вас 24 августа в 10.00
по адресу: Лесная улица, дом 6

3. Печатают ли газеты вашей страны такие объявления и в каком случае?

4. Составьте текст объявления на тему:
- Разыскивается преступник
- Потерялся ребёнок
- Приглашаем на работу

V. ПОВТОРЯЕМ ЛЕКСИКУ И ГРАММАТИКУ

> Шофёр **остановил** машину.
> Машина **остановилась**.

1. От данных глаголов образуйте глаголы с частицей **-ся**.

встречать *кого? что?*	интересовать *кого?*
беседовать *с кем?*	обижать *кого?*
изменять *что?*	сохранять *кого? что?*
готовить *кого? что?*	поднимать *кого? что?*
выступать *с чем?*	разговаривать *с кем?*
болеть *чем?*	убедить *кого?*
звонить *кому?*	учить *кого?*

(ЗАПОМНИТЕ!) Возвратные глаголы образуются от переходных глаголов. Частица **-ся** придаёт глаголам различные дополнительные значения

2. Употребите глаголы с частицей **-ся** или без неё.

1. Мы вошли в комнату и ... в дверях.
   Преподаватель ... нас в коридоре и спросил, куда мы идём.
   Я собирался продолжить спор, но товарищ взглядом ... меня.
   — Рассказывайте дальше, почему вы ... ?
   — Я не помню.

   остановить — остановиться

2. — Где ваши родители? — Они ... в гости.
   — Я ... ваши письма. — Спасибо.
   Родители ... своих детей в спортивный лагерь, а сами ... в дом отдыха.

   отправить — отправиться

3. Я решил ... свои планы на лето.
   Наше расписание ... , и в субботу мы не работаем.
   Моё мнение об этом человеке ... .
   Прошло много лет, а вы совсем не ... . Годы не ... вас.

   изменить — измениться

4. Ребёнок ... и убежал. Наверное, мы ... ребёнка своим неожиданным появлением.
   Я очень ..., когда вы упали на катке.
   Меня ... большая чёрная собака.

   испугать — испугаться

5. Получив письмо из дома, я ... . Меня ... письмо отца.
   Девочка плакала и долго не могла ... .
   Выпив лекарство, больной ... . Лекарство ... больного.

   успокоить — успокоиться

6. Учитель ... Павла поступать в Академию художеств.
   Он и сам ..., что учиться необходимо.
   Объяснения учителя рисования ... Павла, что он был не прав.

   убедить — убедиться

7. В институте нас ... работать самостоятельно.
   Кто ... вас так хорошо играть на гитаре?
   Где вы ... танцевать?
   Я так и не ... кататься на коньках.
   Учитель ... меня любить природу.

   научить — научиться

3. Прочитайте глаголы взаимно-возвратного значения, которые всегда употребляются с частицей **-ся**. Составьте с ними предложения.

бороться		переписываться	
здороваться	*с кем?*	расставаться	*с кем?*
прощаться		договариваться	

4. Составьте предложения с глаголами без частицы **-ся**, имеющими значение взаимного действия.

разговаривать		дружить	
беседовать	*с кем?*	воевать	*с кем?*
спорить		сотрудничать	

(ЗАПОМНИТЕ!) Основные значения приставки **про-**.

прожить проговорить пробе́гать	действие, заполняющее определённый промежуток времени
продумать промыть просушить	полнота действия
пройти проехать пробить	движение, действие через, сквозь предмет
пройти проехать пробежать	движение мимо предмета

5. Скажите, какое значение придаёт приставка **про-** глаголам:

проспорить весь вечер, проанализировать ошибки, прорыть канал, проболеть неделю, промыть рану, проехать через центр города, проехать свою станцию, проработать в банке полгода, проработать тему, прокипятить инструменты, проспать три часа, проспать на работу, продумать все детали.

6. Закончите предложения, употребив глаголы с приставкой **про-**: продумать, проанализировать, проспать, прогулять, проехать, проварить, прожарить.

1. Мальчик так устал, что сразу уснул и...
2. Опасно есть сырое мясо, надо...
3. Прежде чем писать сочинение, следует...

4. Погода была отличная, и мы...

5. Когда будете ехать, смотрите в окно, чтобы...

6. Чтобы сделать правильный вывод, необходимо...

VI. ГЛАГОЛЫ ГРУППЫ «ПОМНИТЬ»

1. Прочитайте глаголы и сочетающиеся с ними существительные. Постарайтесь понять различия в значении глаголов.

Глагол	Вопрос	Значение	Пример
помнить (нв)	*что?* *о чём?*	сохранять, удерживать в памяти	*Я хорошо помню нашу встречу. (встреча уже была)* *Я помню о нашей встрече. (встреча состоится)*
вспоминать — вспомнить	*что?*	возобновить в своей памяти какие-то события	*Я часто вспоминаю наш разговор.*
запоминать — запомнить	*что?*	сохранить в памяти надолго	*Запомни мой номер телефона.*
напоминать — напомнить	*кому?* *о чём?*	заставить кого-либо вспомнить	*Я напоминаю вам о собрании.*

2. Прочитайте предложения. Запомните значения и употребление глаголов группы **помнить**.

Мне понравилось одно стихотворение, и я решила **запомнить** его. Стихотворение было небольшое, всего восемь строк. Я быстро выучила его. Мне казалось, что я **запомнила** его навсегда. И действительно, я долго **помнила** его. А вот сейчас не могу **вспомнить**, как оно начинается. **Напомните** мне, пожалуйста, первую строчку.

3. Вставьте вместо точек глагол **помнить** с приставками.

1. Вы не ..., когда у нас будет консультация? 2. Вы не ..., в каком журнале был опубликован этот роман? 3. Вы ... мой телефон? Запишите и ... . 4. Мне кажется, мы где-то встречались, но где, я не ... . 5. Посмотрев внимательно на лицо женщины, я ..., где я её видел. 6. Этот случай я ... на всю жизнь. 7. Я буду часто ... эту встречу. 8. Пожалуйста, ... мне, что я должен позвонить. 9. Ваш рассказ ... мне одну историю.

4. Прочитайте текст и перескажите его.

НЕОБЫКНОВЕННАЯ ПАМЯТЬ

Как-то я прочитал одну книгу. Не помню точно, как она называется, кажется, «Маленькая книжка о большой памяти». Автор книги рассказывал об одном удивительном человеке, у которого была необыкновенная память. Этот человек — назовём его Галкин — легко запоминал длинные ряды цифр, слов или слогов. Учёный, проводивший эксперимент, читал ему, например, 50—70 слов в определённом порядке. Галкин, прослушав их, тут же повторял все слова в той же последовательности. Он запоминал эти ряды без всякого труда. А кроме того, он помнил их в течение многих лет. Однажды автор книги напомнил Галкину обстановку опыта, который проводился 16 лет назад, и назвал несколько слов. Галкин сразу вспомнил и назвал весь ряд слов в той же последовательности.

5. Прочитайте словосочетания. Запомните значение и употребление глагола с корнем **-лож-** с разными приставками.

Глагол	Вопрос	Значение	Пример
положить	что? куда?	поместить предмет куда-нибудь	*положить книги в портфель*
разложить	что? где?	в разные места, на свои места	*разложить вещи*
сложить	что? куда?	в одно место положить вместе	*сложить вещи в чемодан*
переложить	что? откуда? куда?	из одного места в другое	*переложить деньги из кармана в кошелёк*
выложить	что? откуда?	достать что-то	*выложить учебники из портфеля*
отложить	что? куда?	в сторону	*отложить книги*
подложить	что? подо что?	положить подо что-то	*подложить тетрадь под лист бумаги*

6. Прочитайте микродиалоги. Запомните значение и употребление глаголов с приставками.

1. — Алло, Инга, ты уже собралась?
— Почти. Во всяком случае я выложила из шкафа все вещи, которые возьму с собой.
— Но ещё не сложила чемодан...
— Нет ещё. Я бы сложила, но заходила Анна, и мы с ней проговорили.

2. — Не забудь взять паспорт...
— Я уже положила его в сумку.
— А билет на поезд?
— Тоже положила.

3. — Садись в кресло.
— Спасибо. Там что-то лежит.
— Ах, извини. Моя сумка. Сейчас переложу её в другое место.

7. Употребите нужный глагол.

1. — Нашёл письмо?
— Нет, ... всё из портфеля, но там его нет.

2. — Ты готов?
— Да, вещи приготовил, осталось только ...

3. — Тебе неудобно писать? Надо ... что-нибудь под лист.

4. — Мешают книги? А ты ... их в сторону.

5. — Что ты ищешь?
— Не помню, куда я ... тетрадь.

6. — Занимаешься?
— Нет, ещё только ... книги и тетради.

7. — Где записка? Мне казалось, что я ... её в карман.
— Ты ... всё из кармана и спокойно посмотри.

8. Инженер ... свои схемы и чертежи и начал работать.

9. — Я перечитал письмо, ... его и ... в конверт.

8. Употребите приставочные глаголы с корнем **-лож**.

МЫ ГОТОВИМ ФОТОВЫСТАВКУ

Валя, достань у меня из портфеля пакет с фотографиями. Нашёл? Пожалуйста, ... все фотографии из пакета. Так. А теперь ... их на этом листе. В каком порядке? Справа ... фотографии с нашей практики, а слева — из дома отдыха. По-моему, ты не совсем так ..., две самые большие фотографии надо ... в центре. Хорошо получается? Ничего? Говоришь, есть неудачные снимки? Их ... в сторону. Чтобы не потерять, ... их обратно в портфель. Прежде чем наклеивать, давай посмотрим, что у нас получилось. Хорошо, правда? Ничего менять не надо. Оставим всё так, как ты сделал.

9. Прочитайте и переведите фразеологизмы, в которых используются глаголы с корнем **-лож** в переносном значении. Составьте с ними диалоги.

переложить вину *на кого?*
сложить с себя обязанности *кого?*
отложить дела
подложить *кому-то* свинью

VII. ДОПОЛНИТЕЛЬНЫЙ ТЕКСТ

1. Прочитайте фразеологизмы. Найдите их значение в словаре.

смотреть в упор *на кого?*
снять дачу *где?*
уйти в свои мысли

2. Прочитайте текст и ответьте на вопросы.

ПОРТРЕТ ЛЬВА НИКОЛАЕВИЧА ТОЛСТОГО

В Третьяковской галерее хранится портрет гения русской и мировой литературы Льва Николаевича Толстого работы художника Крамского. С портрета на нас смотрит в упор черноволосый, темноглазый человек в крестьянской рубашке. Кажется, что его взгляд проникает в самую душу, видит все твои тайны. Интересна история создания этого портрета.

Летом 1873 года Павел Михайлович Третьяков узнал, что известный художник-портретист Иван Крамской снял дачу недалеко от имения Льва Толстого в Ясной Поляне. Он написал художнику письмо с просьбой поехать к Толстому и уговорить его позировать для портрета. Через два месяца Третьяков получил ответ Крамского. Он писал: «Граф Лев Николаевич Толстой приехал, я с ним виделся. Сегодня-завтра начну писать портрет. Разговор мой продолжался два часа. Четыре раза я возвращался к портрету, но никакие просьбы не действовали на Толстого. Одним из последних аргументов с моей стороны был следующий:

— Ваш портрет обязательно должен быть в галерее Третьякова.

— Почему?

— Очень просто. Сейчас я его не напишу, и никто из моих современников не напишет, но лет через 30, 40, 50 он обязательно будет написан, и тогда останется только пожалеть, что портрет не был сделан своевременно. Если вам не понравится ваш портрет, он будет уничтожен».

После таких слов Толстой согласился позировать. Было решено, что Крамской одновременно напишет два портрета: один останется в имении у Толстого, а другой будет находиться в Третьяковской галерее.

Крамской очень волновался, начав работу над портретом великого писателя. Лев Николаевич удобно сел в кресло, взглянул на художника и вскоре ушёл в свои мысли.

Крамского поразил контраст между простой внешностью писателя и его острым умом. Толстой тоже заинтересовался художником. Он почувствовал в Крамском глубокий, ясный ум и необычный талант.

После Крамского Толстого рисовали многие русские художники: Ге, Ярошенко, Нестеров, Репин. Была создана целая галерея портретных образов великого писателя. И всё-таки портрет, написанный Крамским, — один из самых замечательных по глубине понимания внутреннего мира писателя. Просто, без внешних эффектов, Крамской смог показать главную черту Толстого писателя и человека — его скромность. В портрете нет ничего «графского», а именно к этому всю жизнь стремился сам Лев Николаевич Толстой. Он был не барином, а великим тружеником. Это сумел понять художник. Портрет Толстого, нарисованный Иваном Крамским, является классическим, так как он передаёт не только внешнее сходство писателя, но и его характер. Благодаря художнику, мы можем понять, каким человеком был великий русский писатель Лев Николаевич Толстой.

(По воспоминаниям Л.П. Боткиной)

1. Почему художник Иван Крамской принял решение писать портрет Л. Толстого?
2. Сразу ли Л. Толстой согласился позировать художнику?
3. Каким был главный аргумент Крамского?
4. Почему художник написал два портрета?
5. Каким изобразил Иван Крамской Толстого?

3. Посмотрите на другие портреты Льва Толстого. Что общего вы находите в этих портретах? Каким мы видим Л.Н. Толстого на этих портретах?

Портрет художника И. Репина

Портрет художника Н. Ге

Портрет художника М. Нестерова

VIII. ДАВАЙТЕ ПОГОВОРИМ

1. а) Прочитайте русские пословицы и поговорки. Переведите их. Согласитесь или опровергните.

○ Не родись красивой, а родись счастливой.

○ Глаза — зеркало души.

○ По одёжке встречают, по уму провожают.

б) Есть ли в вашем языке подобные пословицы? Дайте их точный перевод.

2. Опишите внешность:

    а) вашего друга (вашей подруги);
    б) вашего любимого артиста;
    г) человека, на которого вы хотите быть похожим.

3. У вас есть любимый портрет, написанный каким-либо художником? Опишите его.

Урок 5

Речевая тема:
ХАРАКТЕР ЧЕЛОВЕКА

ЛЕКСИКО-ГРАММАТИЧЕСКИЙ МАТЕРИАЛ:

- Конструкции с полными и краткими прилагательными
- Конструкции с отрицательными местоимениями и наречиями
- Возвратные глаголы
- Глаголы с приставкой *за-*
- Глаголы группы *думать—подумать*
- Глагол *думать* с приставками
- Тексты: *«Библиограф»*, *«Ключ к пониманию»*, *«По зову любви»*

I. РАБОТА С ТЕКСТОМ

1. Прочитайте слова и словосочетания, объясните их значение.

библиотека, библиотекарь
библиография, библиограф
учёная степень
бескорыстное служение
утрата

2. Объясните значение словосочетаний:
смотреть на себя со стороны, отмечать что-то про себя, посторонний взгляд.

3. Познакомьтесь с прилагательными, которые показывают черты характера человека. Объясните значение словосочетаний.

Добросовестный человек — это человек, который...
Бескорыстный человек — ...
Робкий человек — ...
Незаметный человек — это человек, которого...
Уважаемый человек — ...

4. Прочитайте слова и словосочетания. Синонимы помогут вам понять их значения:

отыскать = найти (с трудом)
исходить много километров = пройти много километров
внезапно = неожиданно
кончина = смерть
утрата = потеря
очевидно = понятно

5. Прочитайте текст и ответьте на вопросы.

БИБЛИОГРАФ

Матвей Михайлович давно понял, как мелки и незначительны его занятия. Иногда он смотрел на себя со стороны и тогда отмечал про себя, как, должно быть, смешно он выглядит. Он представлял себе впечатление, которое производит на посетителей библиографического кабинета, где он работал. Сюда заходили кандидаты и доктора наук. Они писали диссертации и книги. Он им был, конечно, нужен. Отыскивал забытые журнальные статьи, давно изданные редкие книги... Матвей Михайлович, слушая посетителя, смотрел робко, словно посетителем был он. Отвечал всегда кратко:

— Хорошо. Постараюсь что-нибудь найти. Я позвоню вам.

Иногда нужно было перерыть сотни томов, исходить километры в длинных библиотечных коридорах, прежде чем удавалось найти нужную книгу. С простыми просьбами в библиотеку не обращались: обыкновенную библиографическую справку можно получить в институтах и университетах. К нему приходили с трудными просьбами. Только он, проживший десятилетия среди книг крупнейшей в мире библиотеки, мог найти нужную книгу. Тогда он звонил:

— Господин Грачёв? Говорят из Государственной библиотеки. Вы искали материалы о Грановском. Запишите, пожалуйста: журнал «Вестник воспитания», год 1893-й, том 3.

Он не называл своей фамилии — вряд ли кто-нибудь помнил её. Если о нём и вспомнят, то подумают о маленьком незаметном человеке, который сидит в одном из помещений библиотеки, где почему-то принято говорить шёпотом.

Матвей Михайлович же знал многих своих посетителей. Хотя большинство их приходило нечасто, он помнил, над какими темами они работают. Может быть, оттого что встречался с ними редко, изменения становились заметными. Недавние студенты задавали вопросы всё сложнее, полнели, лысели, получали учёные степени, становились и на вид степенными, а он оставался тем же — маленьким и бесфамильным.

* * *

Внезапное горе — смерть жены — согнуло его, прижало к столу. Он по-прежнему записывал просьбы, ходил вдоль полок с книгами, сообщал по телефону о результатах своих поисков.

После работы он спускался в метро, потом пересаживался на трамвай и ехал до остановки «Крематорий». Он заказал жене памятник — мраморную плиту. Вспомнив похороны жены, он пришёл к странному для постороннего взгляда решению:

— Напишите так, — сказал он мастеру, — Соловьёва Анна Константиновна родилась в 1936 году, умерла в 1986 году. Соловьёв Матвей Михайлович родился в 1932 году...

Молодой мастер добросовестно всё записал.

— Умер? — спросил он, ожидая продолжения.

— Ещё не умер, — не глядя, ответил Матвей Михайлович.

Решение казалось ему логичным: ни у кого не будет ни времени, ни желания сделать для него после смерти то, что он сделал для жены. Тем, кто будет его хоронить, останется написать на готовой плите только три слова «умер в 19... году». Да и кому он нужен, кто вспомнит о нём?

* * *

...В библиографический отдел пришло странное письмо. Его написал известный учёный, профессор, доктор наук. Его хорошо знали — учёный много лет занимался в библиотеке, а его книги, изданные на нескольких языках, занимали на полке метра полтора.

Сотрудники долго шептались между собой, не решаясь отдать письмо Матвею Михайловичу.

«Дорогие друзья! Очень обижен Вами. Только на днях узнал о несчастье — кончине Матвея Михайловича Соловьёва. Очевидно, он скончался не так давно, но на могиле его лежит уже надгробная плита. Почему же Вы не сообщили мне своевременно об этом горе? Я в числе тех, кто всегда восхищался его огромной эрудицией, его бескорыстным служением науке, людям. Удивительно скромный, обаятельный, он сделал для меня лично, для моих коллег очень много. Сотни учёных Москвы пользовались его талантом, знаниями, трудолюбием. К сожалению, мне не удалось сказать это ему самому — при жизни мы мало ценим людей, и, только лишившись их, понимаем всё значение утраты...».

А в это время Матвей Михайлович, сняв трубку, говорил:

— Господин Сёмин? Говорят из Государственной библиотеки. Вы искали материалы... Запишите, пожалуйста: автор Белоцерковский. Название книги «По городам Малороссии». Год издания 1886-й, издано в Одессе. В нашей библиотеке имеется единственный экземпляр книги...

(По рассказу А. Рубинова)

1. Где и кем работал Матвей Михайлович?
2. Что думал Матвей Михайлович о себе и о своей работе?
3. Была ли у него семья?
4. Куда он ездил иногда после работы?
5. Почему он заказал сразу две надписи на памятнике?
6. Кто прислал письмо в библиотеку?
7. О чём было написано в письме?

6. Употребите слова, стоящие в скобках, в нужном падеже, где необходимо, с предлогом.

1. Я не помню (фамилия) библиографа. 2. Он производит хорошее впечатление (посетители библиотеки). 3. Эти учёные работают (разные темы) 4. Он редко встречался (его знакомые). 5. Книги этого учёного изданы (несколько языков). 6. Его книги занимали (целая полка). 7. К сожалению, мне не удалось сказать это (сам Матвей Михайлович). 8. Я всегда восхищался (его эрудиция, трудолюбие, скромность). 9. Мы лишились (хороший человек).

7. Употребите в предложениях глаголы, данные ниже, в прошедшем времени.

1. К библиографу ... с трудными вопросами. 2. Иногда он долго не ... найти нужную книгу. 3. Постепенно посетители ... важными людьми, а он по-прежнему ... незаметным человеком. 4. Матвей Михайлович помнил, какими темами ... эти учёные. 5. Сотни учёных ... его талантом.

(оставаться, обращаться, заниматься, восхищаться, становиться, удаваться)

8. а) Опишите, как, на ваш взгляд, выглядел Матвей Михайлович (возраст, рост, фигура, лицо, волосы).

б) Расскажите, что думал Матвей Михайлович о себе и о своей работе. Используйте в рассказе слова и словосочетания:

незаметный, неинтересный, неважный, ненужный, незначительный;

думать, представлять, казаться, считать себя, производить впечатление, выглядеть.

в) Расскажите, что думали о его работе посетители библиотеки. Используйте слова:

скромный, добросовестный, внимательный;

ценить, восхищаться, пользоваться;

талант, эрудиция, трудолюбие.

II. ЛЕКСИКО-ГРАММАТИЧЕСКИЕ УПРАЖНЕНИЯ ПО ТЕМЕ

1. а) Познакомьтесь с прилагательными, характеризующими человека. Переведите незнакомые слова. Заполните таблицу новыми прилагательными.

Положительные черты характера	Отрицательные черты характера
?	небрежный
трудолюбивый	?
?	злой
вежливый	грубый
щедрый	жадный
общительный	замкнутый
?	трусливый

б) Образуйте существительные от прилагательных: добрый, вежливый, умный, скромный, грубый, жадный, общительный, трудолюбивый, энергичный, добросовестный, ответственный, доброжелательный.

2. Прочитайте фразеологизмы, характеризующие человека, и объясните их значения.

О б р а з е ц: Душа общества — так говорят о человеке, которого все любят и которого всегда рады видеть.

Он с луны свалился — ...
Он (она) — ни рыба ни мясо — ...
Он (она) звёзд с неба не хватает — ...
Он (она) мастер на все руки — ...

У него (у неё) { золотые руки — ...
                светлая голова — ...
                душа нараспашку — ...

3. а) Переведите незнакомые слова:

астрология, гороскоп, знаки зодиака — Весы, Рыбы, Телец.

б) Прочитайте отрывок из книги «Звёзды и судьбы». Ответьте на вопросы.

Люди, которые родились под знаком Тельца (22.04—23.05) — старательные, солидные, обаятельные, мужественные и терпеливые. Тельцы особенно склонны к практическим профессиям, таким как бизнесмен, менеджер, инженер, врач, которые предполагают самостоятельную работу.

Люди, родившиеся под знаком Рыб (19.02—20.03), — доверчивые, миролюбивые, но несамостоятельные и робкие. Они часто недооценивают себя. Рыбы предпочитают следующие профессии: учитель, дизайнер, парикмахер, моряк, художник.

Люди, рождённые под знаком Весов (23.09—23.10), характеризуются как: весёлые, дружественные, разговорчивые, трудолюбивые. Весам больше всего подходят следующие профессии: адвокат, судья, политик, продавец, издатель, музыкант.

1. Верите ли вы гороскопам?
2. Знаете ли вы другие знаки зодиака?
3. Согласны ли вы с теми характеристиками, которые даны в тексте?
4. Есть ли у вас знакомые, которые родились под знаками зодиака, о которых рассказывает текст?
5. Знаете ли вы, под каким знаком зодиака родились?

4. **а)** У многих народов мира есть традиция давать человеку прозвище животного, для того чтобы показать черты его характера.

Например: *Заяц — человек, который всего боится, трус.*

Подумайте, о каких чертах характера человека мы хотим сказать, называя его (её): медведь, лев, лиса, змея, осёл, муравей, орёл.

б) Скажите, есть ли такая традиция в вашем языке, и какие животные олицетворяют каких людей.

> Антон был молчаливым и спокойным человеком.
> В тот вечер Антон был молчалив и спокоен.

ЗАПОМНИТЕ! Полные прилагательные выступают в предложении или в роли определения, или как часть составного сказуемого и обозначают постоянный признак, вневременное качество. Краткая форма прилагательного выступает только в роли сказуемого и обозначает временное состояние.

5. Прочитайте предложения. Вставьте вместо точек прилагательные, данные в скобках.

1. Вообще он ... человек. Сегодня он ... как никогда. (спокойный — спокоен) 2. Мой отец старый и ..., поэтому он не работает. Отец ... и на работу не пойдёт. (больной — болен) 3. Я не люблю её, она ... . Она за что-то ... на меня. (злая — зла) 4. Николай — человек ..., он больше любит слушать. Весь вечер Николай был ..., неохотно отвечал на вопросы. (молчаливый — молчалив) 5. Мой друг ... и жизнерадостный человек. Весь вечер он был ... как никогда. (весёлый — весел)

ЗАПОМНИТЕ! От большинства прилагательных, обозначающих черты характера человека, можно образовать существительные с суфиксом **-ость** со значением качества и свойства.

Например: *активный — активность*
требовательный — требовательность
аккуратный — аккуратность

6. Прочитайте сообщение телеграфного агентства «Приволжье» и ответьте на вопросы.

Студенты чувашских вузов выбирают черты характера для будущего президента России

Администрация столицы Чувашии города Чебоксары провела учебно-деловую игру со студентами Чувашского государственного университета и Чебоксарского механико-технологического колледжа. Студентам было предложено заполнить анкету. Участники анкетирования перечислили десять черт характера, которыми должен обладать будущий президент России. Молодые люди выбрали такие качества, как требовательность, ответственность, пунктуальность, эрудированность, обаяние, уверенность в себе.

1. Какие черты характера студенты хотят видеть у президента?
2. Какие черты характера вы хотели бы видеть у президента вашей страны?
3. Какие черты характера, по вашему мнению, необходимы, чтобы быть учёным, менеджером, политиком?

III. ДИАЛОГИ
(О чём говорят в Интернете)

1. Прочитайте полилоги на тему «Что такое скромность».

— Раньше скромность, покорность, сдержанность считались одним из основных человеческих достоинств. «Скромность украшает человека» — вот чему учили в семье раньше. Сейчас мировоззрение людей изменилось, поэтому скромным людям часто живётся трудно. А жаль, потому что именно таких человеческих качеств, как скромность, мягкость, искренность и взаимопонимание, в мире не хватает. Как вы относитесь к скромным людям? Относите ли вы себя к скромным людям? Нравится ли вам общаться с теми, кто обладает этим качеством? Как вам кажется, могут ли скромные люди создать счастливую семью?

* * *

— К скромным людям отношусь отлично. И что за вопрос, смогут ли они создать счастливую семью? Конечно, смогут, ведь скромность — это достоинство. Может быть, вы путаете скромность с застенчивостью?

* * *

— Я думаю, что в нашей жизни человек не должен быть скромным, а должен уметь ценить и любить себя. Главная проблема в том, что скромных людей легче обидеть. А счастливую семью такие люди создают легче, потому что скромный человек думает не только о себе, но и о тех, кто рядом...

* * *

— Ни разу не видел, чтобы скромность украшала человека. Если человеку есть что сказать, но он молчит, значит, он считает собеседников недостойными его слов и в то же время общается с ними. Это — лицемерие.

* * *

— Скромность, по-моему, всегда твой враг! Как на работе, так и в личных отношениях. Я сам — скромный до застенчивости и от этого страдаю. Я не только не могу познакомиться с девушкой на улице или в метро, но иногда даже не нахожу, что сказать, чтобы поддержать разговор. Поэтому скромность — это главный мой враг.

* * *

— Я не считаю скромность каким-то большим достоинством. Излишняя скромность вредит и в карьере, и в личной жизни.

* * *

— Я знаком с людьми, которые скромны, открыты, умны и интересны. Я люблю таких людей. Человек скромный, как правило, более вдумчив. Он обдумывает свои действия. Порой немного закомплексованности хорошо влияет на моральное и умственное развитие, что обычно не свойственно людям без комплексов.

2. Согласны ли вы с высказываниями молодых людей. Что вы думаете о такой черте характера, как скромность.

IV. О ЧЁМ ПИШУТ ГАЗЕТЫ

1. Прочитайте отрывок из статьи «Ключ к пониманию», опубликованной в журнале «Студенческий меридиан». Объясните значение выделенных слов и словосочетаний. Ответьте на вопросы.

Вера сначала понравилась всем ребятам. Очень следит за собой, за тем впечатлением, которое производит. Многое замечает, на семинарах работает серьёзно. Её выбрали старостой. Все дела у неё в порядке. Но ей нравится власть, она **смотрит на окружающих «сверху»**. Волевая, целеустремлённая, самолюбивая, она хочет, чтобы у неё всё было лучше, чем у других. Хочет **пользоваться большим авторитетом**. Всё новое воспринимает с трудом. Если у неё не сложились отношения с человеком, она постарается **«свести счёты»** и, когда представится возможность, **упрекнёт, напомнит, отомстит**. Её **девиз**: «Выбрали сами, доверили мне власть, теперь не плачьте — это для вашей же пользы».

Что можно сказать о Вере? Это не вина, а беда, что у неё такой характер. **Самомнение и самооценка** её завышены. Это человек, который любит копить обиды. К особенностям характера таких людей нужно относиться **снисходительно**, ведь они сами страдают от них. В то же время Вере нужно посоветовать чаще смотреть на себя со стороны и научиться не только командовать, но и подчиняться.

1. Какую характеристику даёт автор статьи Вере?
2. Как вам кажется, какие черты характера Веры вы считаете положительными, а какие — отрицательными?
3. Хотели бы вы иметь такого человека другом, руководителем, соседом?

2. Прочитайте газетные объявления-приглашения на работу. Переведите слова, которые вам не знакомы.

ИЗДАТЕЛЬСТВО «ИСКУССТВО»
ОБЪЯВЛЯЕТ НАБОР СОТРУДНИКОВ НА ВАКАНСИЮ
КУРЬЕР
От кандидатов мы ожидаем:
♦ **аккуратность, пунктуальность, исполнительность**
♦ **хорошее знание Москвы**

В КОМПАНИЮ ПО ПРОИЗВОДСТВУ ЛЕКАРСТВ ТРЕБУЕТСЯ МЕДИЦИНСКИЙ ПРЕДСТАВИТЕЛЬ

Требования: **коммуникабельность, ответственность, креативность**
Обязанности: **проведение презентаций новых лекарств**

В связи с открытием нового магазина

РАМСТОР

приглашает на работу в дружный коллектив
ПРОДАВЦОВ И КАССИРОВ

Требования: коммуникабельность, энергичность, вежливость, презентабельность

3. Скажите, какие черты характера необходимы для той или иной работы и почему?

4. Составьте подобное объявление.

V. ПОВТОРЯЕМ ЛЕКСИКУ И ГРАММАТИКУ

> Никто не знает этого человека.

1. Ответьте на вопросы отрицательно.

О б р а з е ц: — *Кого ты видел вчера?*
— *Никого не видел.*

1. Кто был утром в библиотеке? 2. Кто-нибудь читал эту статью? 3. Кому нужен этот словарь? 4. Вы говорили кому-нибудь о семинаре? 5. Вы знаете что-нибудь об этом писателе? 6. Кто может ответить на этот вопрос? 7. Кого интересует эта тема? 8. Чем вы можете это доказать?

> Я ни у кого не мог узнать адреса.

2. Ответьте на вопросы отрицательно.

1. У кого вы спрашивали о расписании?
2. У кого вы могли взять книгу?
3. У кого вы могли узнать о собрании?
4. У кого есть такой словарь?
5. У кого есть лишний билет?
6. У кого будет свободное время?

3. Ответьте на вопросы отрицательно.

1. С кем вы говорили? 2. О чём вы спорили? 3. К кому вы ходили? 4. От кого вы получаете письма? 5. В чём вы сомневаетесь? 6. На что вы надеетесь? 7. На кого вы обиделись? 8. О ком вы думаете? 9. С кем вы дружите? 10. В чём вы нуждаетесь?

4. Составьте отрицательные предложения с глаголами.

О б р а з е ц: звонить кому? — не звонить никому
ссориться с кем? — не ссориться ни с кем

видеть любить уважать	*кого?*	думать говорить заботиться	*о ком? о чём?*
брать узнавать	*у кого?*	нуждаться сомневаться	*в чём?*
привыкать (привыкнуть) обращаться	*к чему? к кому?*		
надеяться обижаться	*на кого? на что?*		
переписываться советоваться дружить	*с кем?*		

5. Закончите предложения.

1. Они ни с кем... 2. Я ни с чем... 3. Вы ни к кому...? 4. Я ни у кого... 5. Мы ни с кем... 6. Не будем ни о чём... 7. Вы никому... 8. Я ни о ком ничего... 9. Он никогда ни с кем... 10. Вы никому ни о чём... ?

6. Замените данные предложения отрицательными.

О б р а з е ц: Все пришли. Никто не пришёл.

1. Вас здесь все знают. 2. Вы всё поняли? 3. Он всем помогает. 4. Мы всё видели. 5. Я говорил со всеми. 6. Всем понравились мои стихи. 7. У всех было свободное время. 8. Он со всеми здоровается. 9. Вы всем звонили? 10. Он всегда всё знает.

> Он очень любит **себя**.

7. Употребите местоимение **себя** в нужном падеже, где необходимо, с предлогом.

1. Он не любит говорить ... . 2. Каждый должен уважать ... . 3. Эту вещь я купил не ... . 4. Он пригласил нас ... . 5. Она не уверена ... . 6. Сегодня я недоволен ... .

8. Объясните значения словосочетаний:

прийти в себя, держать себя, владеть собой, судить по себе, винить себя, иметь с собой, иметь при себе, представлять себе, читать про себя, считать про себя.

О б р а з е ц: выйти из себя — рассердиться

9. Замените выделенные выражения близкими по смыслу.

1. Он человек **себе на уме**. 2. От этих слов мне **стало не по себе**. 3. А каков он **собой**? 4. А что он **представляет собой**? 5. После смерти жены он **ушёл в себя**. 6. После операции больной долго **не приходил в себя**. 7. Во всех случаях и при любых обстоятельствах надо уметь **владеть собой**.

> Я часто **встречаю** эту девушку.
> Мы всегда **встречаемся** у метро.

10. Употребите глаголы с частицей **-ся** или без неё.

1. Как давно мы с вами не ...	видеть —
2. Я не ... своих родителей два года.	видеться
3. Вы не ... эту книгу в списке литературы?	
4. Михаил Матвеевич редко ... с посетителями библиотеки.	встречать — встречаться
5. Он часто ... этого профессора в зале редких книг.	
6. Иногда он ... с трудностями.	
7. Я хочу ... с вами.	(по)советовать —
8. Что вы ... мне почитать?	(по)советоваться
9. Мне не ... смотреть этот фильм.	
10. Я ни с кем не ... о теме своей курсовой работы.	

11. Составьте предложения со следующими глаголами. Помните, что они обозначают взаимное действие.

Договориться, делиться, здороваться, прощаться, расставаться, ссориться, мириться, драться, бороться.

12. Употребите нужный глагол.

1. Сотрудники библиотеки жили дружно и никогда не ... . Я не люблю и не умею ... людей. (ссорить — ссориться)

2. Из-за чего вы поссорились? Из-за мелочи! Надо обязательно ... . При первой встрече я ... вас. (помирить — помириться)

3. В трудные дни мы ... всё, что было у нас. Я привык ... с товарищем всем, что у меня есть. (делить — делиться)

4. Деканат ... две группы в одну. Два факультета ... свои усилия при подготовке к вечеру. Мы ... с соседней группой, чтобы подготовить к вечеру пьесу. (объединить — объединиться)

5. Мы ... с библиографом много лет назад. Библиограф ... нас с работой кабинета. Я хочу, чтобы вы ... меня с вашими друзьями. (познакомить — познакомиться)

ЗАПОМНИТЕ! Основные значения приставки **за-**.

заговорить **за**дрожать **за**греметь **за**интересоваться **за**беспокоиться	начало действия
зайти *к кому?* **за**бежать *за что?* **за**глянуть	а) действие попутное с основным значением б) движение за предмет
зачитаться **за**работаться **за**ждаться	действие «сверх меры»

13. Скажите, какое значение придаёт приставка **за-** глаголам:

забежать в магазин, заплакать от боли, засмотреться на огонь, забежать за хлебом, засидеться в гостях, заплыть в нейтральные воды, зайти в школу, заинтересоваться астрологией, заговорить на незнакомом языке.

14. Замените предложения близкими по смыслу, употребив в них глаголы с приставкой **за-**.

*О б р а з е ц: Ребёнок **испугался и начал плакать**.*
*Ребёнок **заплакал от испуга**.*

1. Извините, я **думала о своём** и не слышала, что вы сказали.
2. Он **продолжал работать** и не спешил домой.
3. Почему вы вдруг **стали грустной**?
4. Отец обиделся и **больше не сказал ни слова**.
5. Увидев известного актёра, зрители **начали кричать и хлопать**.
6. От волнения он **начал шагать по комнате**.
7. Дети долго не возвращались, и родители **начали беспокоиться**.
8. Узнав в чём дело, я **начал торопиться**.

15. Закончите предложения, употребив глаголы:

зайти, заехать, зазвонить, заинтересоваться, запеть, задуматься.

1. У нас кончились продукты, по дороге домой...
2. Все проснулись, когда среди ночи...
3. Когда заиграла музыка...
4. Мальчик учился плохо, пока...
5. Через год сестра закончит школу, пора...

VI. ГЛАГОЛЫ ГРУППЫ «ДУМАТЬ — ПОДУМАТЬ»

Глагол	Вопрос	Значение	Пример
продумывать — продумать	*что?*	глубоко и подробно	*Мне надо продумать выступление, тему.*
обдумывать — обдумать	*что?*	всесторонне (вникнуть)	*Я должен обдумать это предложение.*
передумывать — передумать	*что?*	изменить своё решение	*Я передумал поступать в институт.*
раздумывать — раздумать	*что делать?*	отказаться от первоначального решения	*Я раздумал ехать на экскурсию.*
придумывать — придумать	*что?*	предлагать что-то новое и интересное	*Мы придумали новую игру.*
задумываться — задуматься	*о чём?*	уйти в свои мысли	*О чём ты задумался?*

1. Прочитайте диалоги. Запомните значение и употребление глагола **думать** с приставками.

1. — Нина! Ты меня слышишь? Нина!
— Извини, я **задумалась**.
— О чём ты **думаешь**?
— Я **думаю** о том, как мне быть, что делать. Завтра у нас вечер. Ты знаешь, что я пою в хоре. А на завтра у нас билеты в Большой театр. Я сказала Сергею, что, конечно, пойду в театр. А потом я **передумала**. Ведь хор выступает первый раз, надо, чтобы были все участники.

2. — Ну как, Стела, будешь выступать на собрании?
— Буду.
— Не **раздумала**?
— Нет, не **раздумала**.

— А подготовилась?

— Почти. В основном я **продумала**, о чём буду говорить. Сегодня ещё посижу, **подумаю**. Надо обдумать всё выступление в целом: вопросы, их последовательность и форму изложения.

3. — Ты что **задумался**?

— Да вот **думаю**, что подарить Нине. Иду к ней на день рождения и пока ничего не **придумал**.

— Она любит стихи. Я **подумал**, что можно подарить ей томик Блока.

— Я тоже хотел принести книгу, но **передумал**. Ничего интересного у меня нет, а дарить неинтересную — неудобно.

— А Иван с Олегом **продумывают** поздравление. Хотят записать на кассету. — Что-то уже написали.

— Да? Это, наверное, Иван **придумал**?

— Иван.

2. Употребите глагол **думать** с нужной приставкой.

1. Вы готовы отвечать? Вы хорошо ... свой ответ. 2. Когда-то я собирался стать дипломатом, но потом ... и решил стать преподавателем. 3. Я уже ... своё выступление на семинаре, теперь надо написать его. 4. Вы хотели ехать в Новгород. Почему вы ...? Нет денег? Нет времени? 5. О чём вы ...? Даже не слышите, о чём вас спрашивают. 6. После окончания школы я долго ... , куда пойти учиться. 7. Он хотел писать курсовую работу по синтаксису, но ... и решил писать по фонетике. 8. Скоро у нас будет вечер. Пожалуйста, ... что-нибудь интересное. 9. Прежде чем ответить на вопрос, хорошо ... свой ответ.

VII. ДОПОЛНИТЕЛЬНЫЙ ТЕКСТ

1. Прочитайте фразеологизмы и их объяснения. Составьте предложения.

души не чаять *в ком?* = очень сильно любить
работать не покладая рук = работать упорно
настаивать — настоять на своём = добиться того, что хотел
стать «своим» («своей») *для кого?* = стать близким для чужого человека

2. Прочитайте текст и ответьте на вопросы.

ПО ЗОВУ ЛЮБВИ

Если бы фермеру Карлу Бузеру из швейцарского городка Солотурн при рождении его дочери сказали, что большую часть жизни она проживёт в азербайджанском селе Муганлы, он подумал бы, что это шутка. Однако так оно и случилось.

В семье Бузеров светловолосую, голубоглазую красавицу Френи любили все. Отец в ней души не чаял. Она была девушкой смелой, уверенной в себе и очень настойчивой. Может быть, именно поэтому в 1948 году ей удалось уговорить отца разрешить ей выйти замуж за азербайджанца Ислама Юсупова, который оказался в Швейцарии после войны. В 1943 году Карл Бузер выкупил его из немецкого плена и дал работу на своей ферме. Ислам был трудолюбивым человеком, работал не покладая рук и заслужил уважение в семье Бузеров.

Надо сказать, что Швейцарская община неохотно принимает иностранцев — долго к ним присматривается. Специальная контрольная комиссия проводит с ними беседы, выясняет, как хорошо они знают обычаи, традиции и историю страны. Ислам все собеседования прошёл успешно и получил разрешение жить и работать в Швейцарии.

Молодая семья жила обеспеченно — Ислам получил долю в деле своего тестя. Один за другим у Френи и Ислама родились два мальчика. Первенцу дали христианское имя Пётр, а младшего назвали в честь отца Исламом. В свободное время Ислам-старший часто ездил во Францию и Италию. Во время одной из поездок он оказался на встрече с советским лидером Никитой Хрущёвым. После этой встречи многие бывшие советские военнопленные решили вернуться на родину. Шёл 1958 год. Ислам тоже решил вернуться в Азербайджан. Родственники хотели запретить Френи ехать с мужем в далёкую неизвестную страну, но как и десять лет назад, она настояла на своём.

Встречать Ислама вышло всё село. Сначала никто не мог даже подумать, что Френи приехала навсегда. Родственники и соседи часто спрашивали его, надолго ли эта красивая светловолосая женщина приехала с ним. Первое время было для Френи трудным: она ещё очень хорошо помнила свою прежнюю жизнь. Но Френи любила Ислама и очень хотела стать «своей» для новых соседей и родственников. Она помнила, как упорно изучал Ислам традиции и обычаи её страны, и решила выучить азербайджанский язык. Позже Френи решила принять мусульманство. Её усилия не пропали даром. Примерно через год она узнала от Ислама, что соседи рассказывают в других сёлах о приветливой, скромной и трудолюбивой женщине, которая приехала из далёкой страны.

Семья жила небогато, но счастливо. Все годы Френи переписывалась с родственниками из Швейцарии. Она не раз собиралась съездить к ним в гости, но всегда была занята домом, мужем, детьми, а потом и внуками. «Я — азербайджанка», — говорит Френи Карловна Юсупова, которая и по сей день живёт в селе Муганлы в самом центре Закавказья.

Итак, поставленный самой жизнью эксперимент продолжается, подтверждая своими результатами вненациональный характер таких понятий, как любовь, доброта, человечность.

(По материалам статьи
из журнала «Спутник»)

1. В какой семье родилась Френи Бузер?
2. Какой у неё был характер?
3. Как Ислам оказался в Швейцарии в семье Бузеров?
4. Благодаря каким чертам характера он смог стать «своим» для Бузеров?
5. Как жила молодая семья?
6. Почему Ислам решил вернуться на родину?
7. Какое решение приняла Френи?
8. Как приняли молодую семью в родном селе Ислама?
9. Какие черты характера позволили Френи стать «своей» в азербайджанском селе?
10. Как вы понимаете последний абзац текста?

VIII. ДАВАЙТЕ ПОГОВОРИМ

1. Скажите, какие черты характера ценятся на работе, в жизни, в дружбе и почему.
2. Объясните значение русской пословицы «Характер человека — его судьба». Согласитесь или опровергните.
3. Расскажите, какие у вас есть положительные и отрицательные черты характера. Какие ваши черты характера вы хотели бы исправить?
4. Напишите (расскажите) о человеке с идеальным характером.

ТЕКСТЫ ДЛЯ ДОПОЛНИТЕЛЬНОГО ЧТЕНИЯ

1. Прочитайте текст и ответьте на вопросы.

СТРОГИЕ ГЛАЗА

Я сначала удивился. Чем подчинила себе этот класс учительница математики Майя Григорьевна?

Невысокая, тоненькая, светловолосая, в белой кофточке, она была похожа на девочку.

Чем внимательнее я присматривался к Майе Григорьевне, тем яснее мне становилось, — она покорила класс своей влюблённостью в школу, в работу, любознательностью и заинтересованностью всем, что касалось детей.

Вы, наверное, знаете этот довольно распространённый тип учителей. Они ни о ком другом, кроме учеников, не могут говорить и думать. Некоторым они кажутся даже людьми скучными, ограниченными. Дети же очень быстро замечают их преданность и платят им тем же.

Как бы то ни было, но седьмой класс — буйный и своевольный — быстро присмирел в худеньких, но решительных руках

Майи Григорьевны. Класс с гордостью стал говорить о себе, что он самый дружный класс и ещё покажет, на что способен.

И действительно, скоро он стал лучшим классом в школе. Когда трагически погиб муж Майи Григорьевны, класс переживал горе вместе со своей учительницей.

И вдруг спустя месяц после похорон, класс словно подменили. Ребята подсказывали на уроках, на переменах бегали по партам, отказывались всем классом писать контрольные работы по химии. Но особенно они выражали своё пренебрежение, даже презрение... Майе Григорьевне. Это делалось, конечно, не прямо — не такой она человек, чтобы позволить подобное.

Что же произошло?

Сначала Майя Григорьевна удивлялась. Потом оскорбилась, встревожилась, начала искать объяснение. Её попытки вызвать класс на откровенный разговор были безуспешны.

И вот она пришла ко мне — директору школы. Мы долго говорили, пытаясь найти причину. Может быть, была невнимательность или несправедливость со стороны учительницы? Я понимал, что только случай может помочь нам узнать правду. Так оно и вышло.

Учился в седьмом классе один мальчик — Слава. Он жил на нашей улице и дружил с моим внуком Серёжей. Я иногда брал их с собой на рыбалку. Однажды мы пошли со Славой на рыбалку вдвоём — Серёжа уехал. Утро было удивительное. Из-за леса только что выглянуло солнце, река стала розовой. А тишина стояла кругом такая, что хотелось говорить шёпотом.

Или это утро подействовало на Славу, или давно у него на душе наболело, но только стал он рассказывать мне, почему они изменили своё отношение к Майе Григорьевне. Говорил он шёпотом, не поднимая головы. Дело в том, что через месяц после похорон мужа они заметили, что на углу около школы их учительницу ждал моряк. Взял он её под руку, и они пошли. Она идёт улыбается... А на следующий вечер он опять её ждёт.

— Это человек, да? Не успела похоронить мужа, а уже...

— Слава, да ведь этот моряк её родной брат. Приехал, потому, что знает, как тяжело ей сейчас. Брат!

Слава растерянно посмотрел на меня. Потом глаза его радостно засияли.

— Это правда? Честное слово?

И он сорвал с себя рубашку и с радостным криком бросился в воду.

(По рассказу В. Изюмского)

1. Кто такая Майя Григорьевна?
2. Чем ей удалось покорить седьмой класс?
3. Как изменился класс, после того как в нём начала работать Майя Григорьевна?
4. Как относились семиклассники к своей учительнице?
5. Что произошло с классом после гибели мужа Майи Григорьевны?
6. Как реагировала на это сама Майя Григорьевна?
7. В чём была причина того, что ученики изменили своё отношение к учительнице?
8. Как выяснилось это недоразумение?
9. Почему автор назвал рассказ «Строгие глаза»?

2. Какие, по-вашему, черты характера должен иметь настоящий учитель?

ТЕКСТ 2

1. Прочитайте текст и ответьте на вопросы.

БУКЕТЫ

В учительской комнате женской гимназии сидело несколько учителей. Старый учитель математики сказал:

— Меня зовут Андрей Владиславович. Никогда не встречал другого человека с таким именем-отчеством.

Пожилая учительница истории, которая пришла в школу недавно, возразила.

— Ну, это неудивительно. Отчество ваше у нас, русских, довольно редкое. Но вот странно: у меня имя и отчество самые обычные — Наталья Александровна, а я тоже до сих пор никого не знала с таким именем-отчеством.

Старый математик мечтательно сказал:

— Нет, я знал одну Наталью Александровну. Это была моя первая любовь. Наташа Козаченко.

Учительница с удивлением сказала:

— Простите, я вас никогда не встречала, а моя девичья фамилия — Козаченко.

Математик пренебрежительно оглядел её.

— Нет, это были не вы. Может быть, родственница ваша. Наташа Козаченко была чудесной девушкой с русой косой, синими глазами, ямочками на щеках.

— Это было в Киеве?

— Да.

— Она жила на Трёхсвятительской улице?

— Да. Да!

— Так это была я.

Он пристально посмотрел на неё. Перед ним сидела пожилая женщина с потухшими глазами, но сквозь морщинистое лицо он вдруг увидел лицо прежней синеглазой Наташи Козаченко.

— Да, да... Ведь верно... Это, значит, вы и есть!

— Но всё-таки... Я вас не знала.

— Ну. Фамилию-то должны знать. Я вам каждый день присылал по букету роз, у меня в саду росли чудесные розы.

— Букеты мне приносил гимназист Владимир Канчер.

— Ну да! От меня.

— Он этого не говорил.

— Как? — Старик ударил себя по лбу. — От своего лица, значит?

— Да.

— Вот подлец!

(По рассказу В. Вересаева)

1. Где происходит действие этого рассказа?
2. Кто участвует в разговоре?
3. Давно ли работает в гимназии учительница истории?
4. О чём говорили учитель истории и учительница математики?
5. Были ли они знакомы раньше?
6. Смог ли узнать учитель математики свою первую любовь?
7. Почему учитель математики назвал Владимира Канчера подлецом?

2. Придумайте конец этой истории.

1. Прочитайте текст и ответьте на вопросы.

ОТВЕТ ЧЕХОВА

Часто бывает так: услышит человек в юности хорошее слово, и становится оно его спутником на всю жизнь. Слово это, как луч во тьме, освещает жизненный путь человека.

«Я прожил жизнь с таким хорошим словом, услышанным от Антона Павловича Чехова, — вспоминает академик Абрикосов, известный учёный-медик. — Я видел великого писателя несколько раз, но особенно запомнилась одна встреча.

Было это под Москвой в деревне Любимовка. Я окончил медицинский факультет Московского университета и работал в больнице. Однажды один мой приятель пригласил меня поехать на дачу к его знакомым. Нам предстояло ехать на поезде. Перед отходом поезда в переполненный вагон вошёл высокий человек в пенсне, с маленькой русой бородкой, в светлом летнем костюме.

«Смотри! Чехов! — радостно шепнул мой друг. — Ты знаком с ним? ... Давай пригласим его сесть ...» Оказалось, что Чехов тоже едет в Любимовку. В то лето он отдыхал на той же самой даче, куда ехали и мы. В Любимовке мы играли в теннис, но Чехова не видели — весь день он работал в своей комнате.

Вечером на поляну вынесли самовар, вокруг которого собрались все, кто приехал в гости. Почему-то зашёл разговор о профессиях, о будущем молодёжи. Один из гостей, молодой человек, представитель «золотой молодёжи», лениво развалившись на траве, обратился к Чехову.

«Антон Павлович, вы такой большой знаток человеческой души, — актёрским тоном произнёс он. — Посоветуйте, куда мне идти учиться?.. Право, не знаю куда... Может быть, в медицину?..»

Наступило неловкое молчание.

Чехов посмотрел в упор на молодого человека холодными глазами и ответил неожиданно резко: «Профессия врача, медицина, мой друг, как и литература, — подвиг. Она требует самоотвержения, чистоты души и чистоты мыслей. Не всякий способен на это. Таким, как вы, там не место!..»

— Эти слова, — закончил академик свой рассказ, — я запомнил на всю жизнь».

(По рассказу А. Лесса)

1. Кто рассказал эту историю?
2. Куда ехал молодой врач Абрикосов?
3. С кем он встретился в поезде?
4. Где собрались все гости, отдыхавшие на даче?
5. О чём молодой человек спросил у Чехова?
6. Что ответил Чехов?
7. Как вы думаете, почему Чехов сказал такие резкие слова?

2. Как вы понимаете выражение «золотая молодёжь»? Кто сегодня относится к такой молодёжи в вашей стране?

ТЕКСТ 4

1. Прочитайте текст и ответьте на вопросы.

ЭКСКУРСОВОД

Несколько лет назад довелось мне побывать в Тарханах в музее Михаила Юрьевича Лермонтова. Здесь, в имении бабушки Елизаветы Алексеевны Арсеньевой, поэт провёл свои детские годы.

Показывала мне дом совсем молоденькая сероглазая девушка с милым круглым лицом. Девушку звали Аня Комарова. Недавно она окончила школу и теперь работала в Тарханах экскурсоводом. Аня водила меня по комнатам, где стояла старинная мебель красного дерева, было много картин и книг.

Когда Аня рассказывала о Михаиле Юрьевиче Лермонтове, она преображалась. Её спокойные серые глаза приобретали особый блеск, а щёки начинали гореть. Пожалуй, ничего особенного в её словах не было. Говорила она не более того, что обычно говорят экскурсоводы. Но как она говорила! Её рассказ звучал не как привычное повторение заученного раз и навсегда текста, а как живая импровизация. Начинало казаться, что Аня была реальным свидетелем того, что происходило в доме, когда здесь жил маленький Миша Лермонтов. Можно подумать, что она видела, как он бегал по комнатам, как рисовал мелом на полу, как сидел за фортепиано, как писал свои первые акварели...

Я слушал Аню. И комнаты наполнялись голосами, лёгкими шагами, хлопаньем дверей, хотя я знал, что в этот предвечерний час мы были одни в доме. Все музейные вещи — дорогие люстры, старинные часы, кресла и потемневшие от времени портреты участвовали в рассказах девушки.

Старинное фортепиано в зале на первом этаже издало мелодичные звуки, когда Аня, открыв крышку, провела пальцами по клавишам. Это была музыкальная фраза из какой-то старой пьесы, наивной и очень печальной. Я представил себе, как те же звуки наполняли зал, когда мать поэта, совсем ещё молодая и рано угасшая женщина, задумчиво подходила к фортепиано, и как двухлетний мальчик с высоким лбом и тёмными глазами слушал игру матери и глаза его наполнялись слезами.

...Вспоминая тот день в Тарханах, я снова и снова задаю себе вопрос: каким даром должна была обладать юный экскурсовод Аня Комарова, чтобы заставить слушателя почувствовать себя современником давно прошедших лет, давно ушедших людей?

(По воспоминаниям Я. Хелемского)

1. Кем и где работала Аня Комарова?
2. Как выглядела Аня Комарова и какой она становилась во время экскурсии?
3. Какое впечатление на посетителей музея производили экскурсии Ани?
4. Какие черты характера должен иметь человек, который выбирает профессию экскурсовода.

2. Прочитайте текст ещё раз и попробуйте ответить на вопрос, поставленный автором.

ТЕКСТ 5

1. Прочитайте текст и ответьте на вопросы.

РОМАНТИК СТРАСТИ И ПЕЧАЛИ

При жизни его называли «Великим Карлом», он был гордостью и славой российской Академии художеств. Карл Брюллов родился 12 декабря 1799 года в Петербурге. Его прадед был приглашён императрицей в Россию из Франции в 1773 году для работы на фарфоровом заводе. Отец Карла — Поль стал преподавателем Академии художеств. Когда у Поля родились сыновья, он принял решение — дети будут художниками! Все пять его сыновей начали рисовать раньше, чем читать.

Карл Брюллов с детства видел, как работал его отец. Трудолюбие отца поражало его. Карл рос слабым ребёнком, много времени проводил в постели, но всегда рисовал.

Вместе с братом Александром он был отдан в Академию живописи, где провёл девять лет. В августе 1822 года Карл окончил академию с золотой медалью, и было решено послать его вместе с братом на стажировку в Италию. В 1822 году Карл Брюллов выехал в Рим, рассчитывая остаться там только на три года, но стажировка его продлилась 12 лет. В Италии известность Карлу принесли его первые картины.

* * *

В конце 1820-х годов, уже прославленный живописец Карл Брюллов переехал из Рима в Милан. В Италии Карл познакомился с красавицей Юлией Самойловой — дочерью генерала, внучкой двух графов. Кажется, совсем недавно он впервые увидел её, но образ Юлии остался в его сердце навсегда. В Италии рядом с Юлией Самойловой было много знаменитых и красивых мужчин: известные итальянские композиторы. Но она ответила на любовь Карла Брюллова.

Карл каждый день работал над портретом Юлии, но никак не мог его закончить. Смуглое лицо, большие карие глаза, чёрные волосы — всё было в ней прекрасно. Он не понимал, зачем ей нужен скромный российский художник, но она считала Брюллова великим художником и была его большой поклонницей. Несмотря на то что они не были женаты, они всюду появлялись только вместе. Яркая, статная красавица и невысокий живой Карл были запоминающейся парой.

Черты Юлии появлялись во многих работах Брюллова. Так, в главном произведении его жизни — «Последний день Помпеи» — две героини похожи на Юлию Самойлову. Есть на картине и сам Брюллов — художник со светлыми волосами.

Осенью 1835 года Брюллов был вызван в Россию императором Николаем I. Его ждала должность профессора в Академии художеств. После двенадцатилетнего перерыва живописец вернулся на родину, встретившую его как национального героя. Карл Брюллов считался лучшим портретистом своего времени. Во второй половине 30-х и в 40-х годах живописец создал целую галерею портретов своих современников. Он изображал людей в счастливые моменты их жизни, и никогда не рисовал человека, если тот был болен или у него было плохое настроение. В это время были написаны, например, портреты В.А. Жуковского, И.А. Крылова. Нередко бывал Брюллов у Пушкина на Мойке, и поэт заходил в его мастерскую, рассматривал только что законченные работы, альбомные рисунки.

* * *

Но неожиданно судьба отвернулась от Карла. Неудачи стали преследовать его. Он потерял многих друзей. Заказанный императором Николаем I портрет так и не был начат. В эти трудные дни Юлия не оставила Карла: она была среди немногих, кто открыто поддержал художника.

В 1843 году Карл Брюллов серьёзно заболел и уехал на остров Мадейру. Оттуда он переехал в Италию, где и провёл последние годы жизни. Умер Карл Брюллов 12 июня 1852 года в Риме. Прекрасный портрет «Портрет графини Юлии Павловны Самойловой», так и оставшийся незаконченным, оказался у неё в Милане уже после смерти Карла Брюллова. Она им очень дорожила. Юлия Павловна Самойлова пережила Карла на 23 года, но эти годы не принесли ей счастья.

(По материалам журнала «Караван историй»)

1. Из какой семьи вышел К. Брюллов? Кем были его предки?
2. Как Брюллов стал художником?
3. Почему он уехал в Италию?
4. Какую роль в жизни К. Брюллова сыграла Юлия Самойлова?
5. Какие принципы работы над портретом были у Брюллова?
6. Как вы понимаете выражение «судьба отвернулась от него»?
7. Как закончилась жизнь К. Брюллова?

2. Посмотрите на автопортрет К. Брюллова. Опишите его.

Учебное издание

Хавронина Серафима Алексеевна
Крылова Нина Юрьевна

Читаем и говорим по-русски

Редактор: *М.А. Кастрикина*
Корректор: *В.К. Ячковская*
Компьютерная верстка и оригинал-макет: *Е.П. Бреславская*

Гигиенический сертификат № 77.99.02.953.Д.000603.02.04 от 03.02.2004.

Подписано в печать 21.01.2008 г. Формат 60×90/16.
Объем 8 п.л. Тираж 2000 экз. Зак. 124

Издательство ЗАО «Русский язык». Курсы.
125047, Москва, 1-я Тверская-Ямская ул., д. 18.
Тел./факс: (495) 251 0845, тел. 250 4868
e-mail: kursy@online.ru
www.rus-lang.ru

Отпечатано в ОАО «Щербинская типография».
117623, г. Москва, ул. Типографская, д. 10. Тел. 659-23-27.

НОВИНКА

Приключения иностранцев в России

Рассказы для чтения
и обсуждения

И.В. Курлова

«Приключения иностранцев в России» — пособие по русской разговорной речи, цель которого — активизация речевых навыков учащихся.

Учебный материал представлен в виде текстов, повествующих о жизни иностранцев в России. Шутливые истории о непростых, но очень типичных житейских ситуациях, в которые они попадают, близки и понятны учащимся, что облегчает процесс социально-культурной адаптации. Коммуникативно-речевые задания направлены на развитие речевых умений в различных ситуациях повседневного общения.

Предназначено для учащихся, владеющих русским языком в объёме базового уровня.

**По вопросам приобретения книг
обращаться по адресу:**

125047, Москва, 1-я Тверская-Ямская ул., д. 18
(ст. метро «Маяковская» или «Белорусская»)
Тел./факс: (495) 251 08 45
e-mail: kursy@online.ru
www.rus-lang.ru